ひとりぼっちが怖かった

きょうも傍聴席にいます

朝日新聞社会部

幻冬舎

ひとりぼっちが怖かった

——きょうも傍聴席にいます

ひとりぼっちが怖かった／目次

I 「俺も死ぬから。すまんのう」 9

「死んでわびるしかない」 10
彼女に会いたくて女は火を放った 16
3歳児を虐待死させた男の「理屈」 24
「俺も死ぬから。すまんのう」 34
障害者施設の深い闇 43
家族思いの男の衝動的犯罪 50
我が子2人を殺めた母の苦悩 57
「母ちゃん殺した」 65
「悪魔が……」その声は本当か 72

Ⅱ「ひとりぼっちが怖かった」

「ひとりぼっちが怖かった」 81
暴れる息子を檻に監禁し続けた20年 82
83歳ゴールド免許、2人の命を奪う 92
高3少年、震える彼女に手をかけた 99
娘は母の亡骸を隠し続けた 108
「明智光秀になり損ねた」 117
少年が畏怖を殺意に変えた日 124
息子よ、いつまで続くこんな日々 131
お礼回りした妻、愛は裏目に 136
孤高の秀才、卒論で狂った歯車 142
「ひとりぼっちが怖かった」 151

「ママの代わりになれ」 158

Ⅲ 言えなかった「助けて」 165

警察官を誘惑した金色の腕時計 166
泥酔のドライブ、消えた叫び声 173
夫は静かに妻の首を絞めた 179
妊娠言えなかった学生カップル 185
妻は娘を2階から3回落とした 191
追い詰められた「いい嫁」 202
「片思い」から始まった暴行 208
心中の双子姉妹が残した手紙 214

妻殺害、男が裁判で語った後悔 223
言えなかった「助けて」 232
あとがき 243

装画 岡野 博
ブックデザイン 鈴木成一デザイン室
DTP 美創

年齢は公判当時のものです。

I

「俺も死ぬから。すまんのう」

「死んでわびるしかない」

2017.9.27, 11.15

新潟県糸魚川市《いといがわ》で2016年12月、計147棟が焼けた大規模火災で、火元となった同市大町1丁目のラーメン店の元店主で業務上失火の罪に問われた被告（73）の初公判が17年9月27日、新潟地裁高田支部で開かれた。火災後、「出火のお詫《わ》び」と題した文書を朝刊各紙に折り込んで配り、近隣住民に泣きながら謝罪した被告。起訴内容を認め、公判で語った言葉とは――。

被告は猫背気味の背中をめいっぱい伸ばして法廷に立った。

裁判長から証言台の椅子に座るよう促されたが、「立っていたほうが楽」と話し、そのままの姿勢で答え始めた。「私の不注意で火を出し、大変申し訳なく思っています。

皆さんに多大なご迷惑をかけて大変申し訳ありません」。弁護人から火災について言いたいことを問われ、答えた。

被告は糸魚川市に生まれ、中学卒業後から実家のラーメン店の手伝いを始めた。「思いやりがあって、気持ちが優しい人で働き者」。妻は被告の人柄をそう表現した。

被告はやがて経営を担い、妻と長男の3人で店を切り盛りした。幼いころから仲がよく、ラーメン店の隣で精肉店を営んでいた男性は、被告を「職人気質な人」と話した。

公判で明らかになった火災当日の様子はこうだ。

16年12月22日の朝、被告は仕込み中に鍋を火にかけたことを忘れてしまった。一休みしようと自宅に戻った間に、空だきになった鍋から出火。戻ったときにはすでに手遅れだった。駆けつけた消防が見たのは、ずぶぬれでぼうぜんと立ち尽くす被告。火を消し止めようとホースで水をまき続けた後だった。火の粉が強い南風にあおられて飛んでいった。自身の店と146棟を焼く大火になった。

法廷が静かになったのは、妻が証言台に立ったときだ。「あまりにも（被害が）大きくなってしまい、死んでわびるしかないんじゃないかと思いました」と声を震わせた。

妻は被告と長男と3人で、被災した人に謝罪をして回った。返ってきた反応は、心配し、励ます声ばかりだったという。「元気そうだね、よかった」「来てくれてありがとう」。妻が涙ながらにそのときの様子を語ると、被告はうつむき、目頭を押さえた。

被告が作るラーメンは、地元では評判だった。昔の客から「〇〇（被告の名前）ちゃんのラーメンをまた食べたい」と言われた。だが、弁護人から「もう作ることはない？」と聞かれると、被告は「そう思います」と答えた。自らラーメン店の廃業届を出したという。

「これから被災者や糸魚川のために何か具体的に考えていますか？」という検察官からの質問に、「考えてはいるけど何ができるのかな……」と被告は言葉を詰まらせた。

一つの不注意で、多くの人たちが暮らす街を焼いてしまったという事実。火災から9カ月。自分にできることは謝罪だけという思いが、被告の言葉からにじんだ。「道で会えば、謝るしかない」

検察側は「被害が甚大だ」として禁錮3年を求刑。弁護側は「強風などの不可抗力が原因で火災が広がった」として執行猶予付き判決を求め、即日結審した。

判決は17年11月15日に言い渡された。36席の傍聴席はほぼ埋まり、被告は白っぽいトレーナーにベージュのズボンをはき、緊張した様子で法廷の椅子に腰掛けた。裁判長は午前11時半の開廷後まもなく禁錮3年執行猶予5年の有罪判決を言い渡した。

裁判長は「広範囲にわたって、多数の住民に大きな危険が発生し、被害の程度は甚大である」「料理人として、ごく基本的な注意義務に反している。以前にも、火元から離れて鍋の底に穴を開けたことがあり、火災になりかねないと容易に予想することができた」と指摘した。

ただ、大規模火災の当時、糸魚川市では最大瞬間風速27・2メートルを観測するほどの強風が吹いていた。判決は、大規模火災の要因として「強風によって飛散した火の粉が延焼範囲を広げたことなど、気象状況に基づく偶発的な事情も挙げることができる」と認めた。被告が起訴内容を認めていることなども「酌《く》むべき事情」と評価して執行猶予の理由とした。

判決が読み上げられる間、被告は、ひざに手を置き、時折小さくうなずきながら聞いていた。

裁判長は判決の最後に被告に語りかけた。

「結果があまりに大きくなり、正面から向き合うことが難しいと思います。でも、今回のことで多くの人が苦しみながらも、元気を取り戻そうと日々運動しています。糸魚川の街や人のために、今後できることは何か考えてください」

被告は「はい」と小さく答えてうなずくと、閉廷後も1人、証言台の椅子に座って深く頭を下げ続けた。

被告は、代理人の弁護士を通して「謝罪と感謝のコメント」を出した。

《私の不注意による失火で、糸魚川の皆様に多大なご迷惑をおかけしたことを、改めて心よりおわび申し上げます。消火活動にご協力いただいた皆様、その後の復興を助けていただいた方々、改めて感謝申し上げます。判決を真摯《しんし》に受け止め、糸魚川の皆様に対する償《つぐな》いのため、今後の人生を歩んでいく所存です。本当に申し訳ありませんでした》

弁護側によると、控訴しない方針という。

（田中奏子、川島大樹）

*追記　検察、被告側とも控訴せず、判決が確定した。

彼女に会いたくて女は火を放った

2017.9.26

結婚しようと思っていた恋人が突然、心変わりをした。性同一性障害の被告の女（31）にとって、初めて交際した相手だった。もう一度恋人と接点を持ちたい。そのとき被告がとった行動とは――。

２０１７年8月17日。岐阜地裁３０２号法廷に、被告の女が入廷した。短髪にスーツ姿で、半袖のワイシャツにネクタイを締めている。裁判官に促《うなが》されて証言台に進み、起訴内容を問われると「間違いありません」と答えた。

起訴状などによると、被告は5月27日、岐阜県瑞浪《みずなみ》市内のスーパーで、個室トイレのトイレットペーパーにライターで放火し、仕切り板などを焼損させたとされ、建造物等以外放火の罪に問われた。

公判から事件の経緯をたどる。

弁護人「交際相手とはどこで知り合ったのか」

被告「昨年まで勤めていた介護施設です」

被告と女性は、14年8月、勤務先の瑞浪市内の介護施設で知り合い、交際に発展した。被告にとって初めての恋人だった。

弁護人「いわゆる男女の関係で、どのくらい交際していたのか」

被告「約11カ月です」

被告は、女性に「一緒に辞めてほしい」と言われ、介護職を辞めた。2人は市内のスーパーに移り、被告は警備員として、女性はサービスカウンターで働くようになった。交際はうまくいっていた。1人暮らしをする被告の家に、女性は何度も訪れていた。

16年、被告は女性と結婚するため、法的な性別を変える決意をする。

被告「彼女には旦那も子どももいましたが、『結婚したい』とも言っていました。まず、彼女にプロポーズするため、指輪を買いました。名古屋のクリニックに行き、性同一性障害の診断を受けました。ホルモン療法や、性別適合手術、戸籍変更をするつもりでいました」

弁護人「彼女に伝えたときは」

被告「賛成し、喜んでいました」

だが、女性の態度は一転する。

被告「今年1月あたりになると、『周りにばれるので、あなたにはその体のままでいてほしい』と言われました。愛してくれているはずの自分の道を否定されたことがショックでした。それ以降、病院には行かず、胸に秘めました」

弁護人「ホルモン注射は」

被告「一度も受けていません」

2日に1回は会っていた頻度《ひんど》が、次第に2週間に1回と減っていった。

被告「電話したり、メールしたり、家に行ったりしても対応してもらえなかった。仕事中に事件があれば、彼女と話す機会が持てると思いました」

17年4月。どうしても女性と接点がほしかった被告はある手段を思いつく。以前、女性から「女子トイレで何かあったら私を呼んでね」と言われていたのを思い出したのだ。

「そのときはその行動しか思いつきませんでした」

こうして被告は4月に二度ボヤ騒ぎを起こす。火災現場で、被告は一度は女性から消火器を手渡され、会話もできた。火事に立ち向かう男らしい姿を見せたかった……。冒頭陳述によると、被告はこう動機を供述していたという。

しかし、女性の態度は再び素っ気なくなっていった。

被告「『あなたの気持ちが重い』『今度からは1カ月に1回会えたらよい』『結婚を意識していることが重い』と言われました」

起訴内容の放火を起こす前夜、被告の心を突き動かす出来事が起こる。被告が家に帰ると、自宅のドアノブにプロポーズで渡していた指輪と、被告が女性に渡していたアパートの合鍵、そして、1カ月先の被告への誕生日プレゼントとしてブレスレットがぶら下がっていた。手紙も同封されていた。

弁護人「手紙はどんな内容だった」

被告「『私の（被告に対する）感情は特別であって、恋愛ではない。誕生日おめでとう。次の仕事を頑張って』というようなことが書いてありました」
弁護人「なぜ次の仕事について書かれていたのか」
被告「彼女には警備の仕事を辞めて、介護の仕事に行ってほしいと言われていました」
弁護人「なぜ3回目はマッチではなく、ライターを使ったのか」
被告「1回目、2回目は車にライターがなかったが、3回目は車にありました。彼女とケーキに火をつけるために買ったライターです」
弁護人「ボヤ騒ぎを大きくしようと思ったのか」
被告「大きくしたいというつもりはありませんでした。自ら消火活動をして、燃え広がらないようにしようと思っていました。トイレ近くの衣料品売り場から消火器の位置を確認していました」
弁護人「現在の女性への気持ちは」
被告「もう断ち切れております。彼女に近寄ると、また同じことが起きてしまうので、もう近寄りません」

検察側は、放火の危険性について追及する。
検察官「なぜ火をつける行為を」
被告「ただ彼女と接する機会がほしいと」
検察官「危険性は」
被告「建物を燃やすつもりでも、人を殺すつもりでもなかった。被害が大きくなる前に自分でも消すつもりでした」
裁判官も問う。
裁判官「（女性に対する）気持ちを断ち切っていくのはよいと思うが、みんなが同じことをしない。なぜしてしまったのか」
被告「誰にも相談できずに精神的につらい状況に置かれていました。父には交際自体を黙っていました」
被告の父親も証言台に立った。
弁護人「性同一性障害だと聞いたことは」
父親「去年の秋、本人から聞いた。自分で病院に行ってそういう診断を受けたと聞いて大変びっくりしております」
弁護人「(被告が)『僕』と言うことはなかったか」
父親「たまに言います」
弁護人「男らしい女性だなという程度だったのか」
父親「はい」
弁護人「(事件に関する)恋仲については」
父親「知りませんでした」
弁護人「(被告が)性転換の手術を受けたいと言ったらどうするのか」
父親「本人が希望するならそうしてやりたい」
弁護人「(被告の)性格は」
父親「大変、心の優しい子でした」
裁判中、弁護人から「男性へ移行する気持ちはありますか」と問われた被告は、力強い声で「あります」と答えた。
懲役3年を求刑した検察に対し、弁護人は執行猶予を求め結審。9月19日、懲役2年

6カ月（執行猶予4年）の判決が言い渡された。裁判長は「お父さんや信用してくれる人の指導を受け、裁判所にまた来ることがないようにしてほしい」と説諭した。法廷を出る被告は、付添人に肩を支えられながら涙を流していた。

（松浦祥子）

3歳児を虐待死させた男の「理屈」

2017.10.18

身長は190センチを超え、体重約130キロ。格闘技や空手の経験もある男から母の面前で約30分にわたり暴行を受け、3歳の男児が命を落とした。男は母子の家に2週間前から居座っていた。なぜ、こんな悲劇が起きたのか――。

2017年9月4日、両脇の刑務官より頭一つ大きい被告の男(21)が東京地裁に出廷した。東京都大田区の男児(当時3)を虐待死させたとして、傷害致死の罪に問われた裁判員裁判の初公判。被告は、起訴内容のうち、暴行の具体的内容を一部否定したが、男児を虐待死させたことは認めた。

起訴状によると、被告は16年1月25日夜、同区内の料理店勤務の女性宅で、女性の長男の男児に暴行を加え、同27日深夜に死亡させたとされる。

公判から事件の経緯をたどる。

被告は15年夏ごろ、ＳＮＳを通じて料理店勤務の女性と知り合い、ほどなく女性宅で1週間ほどを過ごした。その後、互いの連絡は途絶えた。

16年1月初旬、被告は「いまから会えないか」と数カ月ぶりに女性に連絡。泊めてほしいと頼んだ。被告は2人暮らしの母から仕事に行かないことを責められて口論となり家出。行く当てがなかったという。最初は「3日間」という約束で泊めてもらうことになった。だが、被告は3日が過ぎても女性宅から出て行かなかった。

女性「最初は大目に見ていましたが、日が過ぎても家に居座っている状態でした。『何で家に帰らないのか』と言ったら、言い訳され、強く言うと怒鳴られ、どうしたらよいかと思っていました」

女性は証人として法廷に立ち、こう説明した。被告は交際相手ではない、とも話した。

居候を決め込んだ被告は女性宅で何をしていたのか。

弁護側の被告人質問。

弁護人「(女性宅で)どう過ごしたのですか」
被告「ご飯を作ったり、洗濯したり、男児の遊び相手になりました」
弁護人「遊び相手になる以外にしたことはありますか」
被告「お風呂に入れました」
弁護人「頻度は?」
被告「毎日です」
弁護人「どう感じましたか」
被告「ご飯の食べ方を母親(女性)が教えていないと思いました」
弁護人「そうした様子を見て、男児への気持ちはどうだったのですか」
被告「小さなころの自分とよく似ていると思いました」
弁護人「男児にどういうことをしてあげたのですか」
被告「スプーンの持ち方や食事の仕方を教えてあげようと思いました。幼稚園に行ったらみんなに笑われるから。自分が小学生のとき、母に箸の持ち方がなっていないと練習させられたので」

被告は男児と同年齢だったころに両親が離婚。母と再婚相手の養父から、礼儀や行儀作法について厳しくしつけられたという。小学校では空手を習い、中学校でもバスケットボール部に所属した。高校には進学せずに解体業に就いたが、長く続かなかったという。

女性宅での滞在が長くなるにつれ、子育てにも干渉を始めた。被告が言ったことを男児ができないと腹を立て、「しつけ」と称して平手打ちをするようになった。

検察側の被告人質問。

検察官「男児の母とは交際しようと思っていたのですか」

被告「思っていませんでした」

検察官「父親になることは考えていなかったのですか」

被告「はい」

検察官「結婚するつもりも親になるつもりもない。どうして、しつけないといけないと考えるのですか」

被告「母親（女性）がやらないから」

検察官「あなたが父親になるわけじゃないでしょう?」
被告「父親とは関係なく、行儀を教えようと思っていました」
検察官「(女性に)『いつまでいるのか』と言われたことはありますか」
被告「ありました。『そのうち出て行くよ』と言いました」
検察官「寝泊まりしていることをいづらく感じたことはありましたか」
被告「ありました」
検察官「あなたは母親(女性)に対して文句を言うが、居候したのはあなたのほうですよね。嫌なら出て行けばよかった」
被告「行く場所がなく、いました」
検察官「あなたがイライラを感じる立場にあるんですか」
被告「あると思います」
被告と計9回のやりとりをした鑑定人も法廷に立ち、犯行に至った心理状況を、次のように読み解いた。
「しつけは好意でやったのに、母子ともに無視をしたと感じた。自分への屈辱ととらえた。居場所は不安定なうえ、邪魔者扱いされ、孤立感が積もり、怒りを暴力で発散した」

鑑定人は被告を「馬鹿にされたと思うと感情的になり、衝動的な行動に出る可能性はあるが、暴力性の高い気質ではない」と分析し、「解釈」と断ったうえでこうも表現した。「自分が食事を作ったので礼をするのは当然、感謝の気持ちを表してほしいという気持ちがあったのではないか」

裁判官は鑑定人の証言について被告に問うた。

裁判官「被告が掃除やご飯を作っていたのに、母親（女性）や男児が軽く見ていると感じたのですか」

被告「最初は居候の身でやることはやろうと思いましたが、だんだんそれが当たり前のようになって、イライラしました」

居候を始めてから2週間あまりが過ぎた1月25日夜。被告は女性宅で女性と男児と夕飯中に、その「イライラ」を爆発させた。検察側冒頭陳述によると、きっかけは男児が「にらみつけてきたから」。女性は、「そのとき」をこう証言した。

被告は携帯電話を見ながら食事する男児に腹を立て、胸ぐらをつかんでボウリングの球を投げるように放り投げた。

さらに台所から包丁を持ち出して、「殺してやろうか」と脅した。女性が包丁を戻すように言うと包丁は戻したが、「ここを強くつかむと人間は死ぬんだ」と言い、こめかみをつかんで「痛い」と泣く男児の体を持ち上げたうえ、額を押して後ろに倒した。さらに男児をボールを蹴るように蹴った。男児がけいれんを始め、ようやく被告は暴行をやめた——。

男児は死亡当時身長93センチ、体重13キロ。我が子への暴行を、女性はどんな心境で見ていたのか。女性は法廷でこう証言した。

「(被告の)こめかみをつかんだ手を離そうとしても、離せませんでした。言葉で相手をなだめることしかできませんでした」

女性は捜査段階の調べで、被告の暴行を体を張って止めようとした、とうその証言をしていた。

女性「自分のなかに、体を張って守りたかったという気持ちがあって、(当時)できればよかったという気持ちがあって」

検察官「自分への責任追及の不安もあったのではないですか」

女性「その不安も少なからずありました」

検察官「なぜそう思ったのですか？」

女性「自分が相手と同じようなことをしたと思われるのが怖かったです。自分が疑われるのが怖かったこともあったし……。うまく言葉にできません」

女性は「自分の支えだった大事な存在がぱたりといなくなって、私にも責任があって、本当に反省してもしきれないというか、謝っても謝りきれない」と語った。

そして、被告について「やったことに値する罰にしてほしい」と述べた。

検察官は論告で、被告が救急車の到着を待たずに女性宅を去り、直後に、別の女性とSNSで「大好き」などというメッセージを交わしていたと指摘。男児に対しての思いが欠落していると訴え、懲役9年を求刑した。

一方、弁護側は最終弁論で、「女性宅で孤立感からストレスを高めた。自分と似ている男児に親近感を覚えていて、いじめたのではない」と訴えた。

17年9月13日の判決。

「被告が無抵抗の幼い被害者に対して、一方的に種々の暴行を加えたのであり、死亡時の身体の状況から見ても、相当に強度で危険性の高いものであった」「被害者が死亡するに至るまでに感じた苦痛も非常に大きかったと考えられる。わずか3歳にしてこのような形で生涯を閉じることになった被害者に思いをいたすと同情を禁じ得ない」

そして裁判長はこう述べた。

「被告はそもそもしつけをしなければならないような立場になかった。途中からしつけのための暴行ではなくなっていて、動機に酌むべき事情は認められない」

一方で、裁判長は情状鑑定の結果にも言及。「我慢の限界を超えた場合には、自分で止められなくなる気質がある」と述べた。また、問題点は被告生来の資質や生育歴に由来するものが大きく、動機の形成にも影響している、と指摘。事件後の情状鑑定で被告が自己理解の機会を得たことや、自らの母親との関係に改善の兆しが見られたことに触れ、社会復帰後に母親が被告を監督すると話していることを一定程度考慮する、とも述べた。

懲役8年が言い渡され、被告は控訴せず、刑は確定した。

（長谷文）

「俺も死ぬから。すまんのう」

2017.11.20

もう死んでくれ。俺も死ぬから。すまんのう、すまん……。男は下半身不随の妻の首に延長コードを巻き、締め付けた。20年以上介護を続けてきた末の悲劇。仲むつまじかった夫婦を追い込んだものは何か――。

2017年11月13日、佐賀地裁で開かれた裁判員裁判の初公判。裁判長に認否を問われると、被告（71）は「間違いありません」と起訴内容を認めた。起訴状によると、被告は16年9月7日深夜から8日未明の間に、自宅で下半身不随だった妻（当時71）の首に延長コードを巻いて締め付け、窒息させて殺害したとされる。

検察側は初公判で被告が殺害の様子を記録したICレコーダーの録音内容を証拠提出

し、読み上げた。

名前を呼びかける被告に、「なんね」「なんしよん」と応じる妻。「もう死んでくれ。俺も死ぬから。死んでくれ、死んでくれ……」

被告はそう言い、妻の首に延長コードを巻いて絞めあげた。被告の嗚咽《おえつ》。

「こんなこと、したくなかったのに。すまんのう、すまん」。そして妻の名を呼んだ。

弁護側は、この録音をもとに、妻は犯行当時、目が覚めていたが、抵抗した跡がまったくないとして、殺害に妻の承諾があったと主張。殺人罪よりも刑が軽い承諾殺人罪にあたる、などと訴え、裁判の争点となった。

冒頭陳述や公判などから経緯をたどる。

佐賀県鹿島市出身の被告と、宮崎県出身の妻は見合いで出会った。「私のひとめぼれだった」と被告。82年に結婚。84年には大阪府内でうどん店を開いた。妻も店を手伝い、経営はうまくいっていたという。91年、「老後の蓄えができた」と店を閉め、2人は鹿島へ転居。93年、妻は自転車事故で脊椎《せきつい》を損傷し、胸から下が不自由になった。

介護生活が始まった。大変ながら、海外旅行に行くこともあり「楽しい、充実した時間だった」。だが、09年10月に大阪府箕面市《みのおし》に移ったころから生活が暗転する。

初公判での被告人質問。

弁護人「どうして大阪へ？」

被告「60歳を超えて体力に問題を感じるようになった。専門の人に見てもらおうと。大阪には施設がたくさんある」

被告が排泄《はいせつ》の処理などを続けたが、箕面に移って1年過ぎたころから、トラブルが起き始めた。妻は施設のスタッフをなじったり、一晩に何度も呼んだり。16年まで府内の四つの介護施設を転々とした。

叱責《しっせき》は被告に及ぶこともあった。妻は老年期精神病などと診断された。被告はこのころから、妻に怒られたときの自衛のため、ICレコーダーなどで妻とのやりとりを録音するようになった。

16年7月に長期の入居契約を結んだ堺市の施設も、やはりなじめなかった。妻の願いもあり、被告は故郷・鹿島への転居を決意する。

8月29日、2人は鹿島へ。妻を最優先に考え、転居後の片づけは妻のベッド周りから。

呼ばれたらすぐ行けるようにと、被告は妻の寝室の近くの台所に布団を敷いて寝た。
再び被告人質問。
弁護人「大変ななか、それでも介護できたのか？」
被告「理不尽だと思うこともあったが、機嫌がいいときの妻は、笑顔がすてきだった」
弁護人「いつまでも、一生続けようと思った？」
被告「はい」
弁護人「どうしてほかの人には頼めなかった？」
被告「家内が私にしか心を許していないようなところがあった」
同31日、排泄の処理を失敗した被告は、妻に叱られた。日記に「二度としたくない気持ち」とつづった。
9月3日。被告は水路に転落して背中を痛め、親戚が介護を手伝うようになった。妻からはそれを「芝居だ」と言われた。
ショートステイ先でもトラブルが起き、5日には責任者から「歩み寄りがないと受け入れは難しい」と言われ、焦った。「ここで断られたら、次に行くところがない」。リフォームや病院の手配、介護職員との面談――。家の片づけもままならず、精神的に追い込まれ、周囲に「死に場所を探さんばいかん」などと漏らすようになっていた。

犯行直前の7日。日記には、こう記されていた。「夕方帰るが……殺?」

犯行後の8日未明、被告は自ら親戚に電話し、犯行を打ち明けた。そして親戚宛ての手紙と、犯行の様子を録音したICレコーダーを残し、家のかもいで首をつったり、近くの川に飛び込んだりして自殺を図った。親戚の通報を受けた警察官が同日朝、被告を見つけ、逮捕した。

被告人質問。

弁護人「(妻は) どんな顔をしていた?」

被告「気持ちよさそうに寝ていた」

弁護人「絞めているとき、どんな思いだった?」

被告「心中するつもりでやっていたと思う」

弁護人「どれくらい絞めた?」

被告「わからない。長く感じた」
検察官「介護でいちばんつらかったのは？」
被告「家内の私に対する暴言がつらかった」
検察官「事件につながった？」
被告「可能性はあると思います」
検察官「殺害時、（妻を）起こそうとした？」
被告「していません」
検察官「なぜ？」
被告「延長コードで絞める以外は考えなかった」
検察官「妻から死にたいと言われたこと、殺してくれと言われたことは？」
被告「ありません」
被告の精神鑑定をした医師は17年11月14日の法廷で、被告が適応障害だったと指摘。「もっといい加減な人であれば、こういう状況にはならなかった」と述べた。
被告の親族も情状の証人として法廷に立った。

弁護人「鹿島に帰って来た妻の様子は」
証人「久しぶりの鹿島で、『懐かしい、懐かしい』とうれしそうだった」
弁護人「8月31日、家を訪ねている」
証人「はい」
弁護人「被告はどうしていた」
証人「排泄の処理に失敗していた。(妻から)『気持ち悪いやろが』『上手にできへんで』と責められていて……」
弁護人「今回の結果をどう思う」
証人「引っ越しの片づけもあって、忙しすぎたんじゃないか」
逮捕後、この親族は40回ほど面会している。
弁護人「どうしてそれほどまで?」
証人「まじめで、本当にいい人なので、立ち直ってくれると思った」
この親族の呼びかけもあり、鹿島市民を中心に減刑嘆願書1445通が集まり、提出された。

11月15日の論告求刑公判。検察側は「妻は体に障害があり、抵抗できなかった。殺害を事前に承諾したこともない」と指摘。被告が適応障害だったことは認めたが、「善悪を判断する能力、行動を制御する能力は正常に保たれていた」と主張し、「身勝手な犯行」として懲役5年を求刑した。

弁護側は「妻は手で抵抗できたのに、していなかった」などと反論。被告は心神耗弱状態だったとし、「犯行時、殺害してはいけないと判断するのがとても難しかった」とした。弁護人は裁判員たちに「事件は介護負担の偏在によるもの。皆さんにも関係する問題だ」と呼びかけた。

最終陳述。被告は泣き崩れ、「申し訳ございません」と裁判員らのほうを向き、土下座した。刑務官に支えられ証言台の椅子に座り、語った。「妻がまだ元気でいたら、これからも楽しいことがたくさんあったと思う。妻の将来を一方的に絶ってしまった。そばにいてくれるだけでもよかったのに……」。裁判員の女性と、傍聴席の親族は何度も涙をぬぐっていた。

20日の判決公判。地裁は妻の承諾や被告の心神耗弱は退けたうえで、懲役3年執行猶予5年を言い渡した。裁判長は、被告に「あなたにお願いがある」と語りかけた。「決して早まったことは考えず、天寿を全うするまで、生涯かけて供養してください」

裁判長に「街なかの清掃などボランティアもいいかもしれません。約束できますか」と問われ、被告は「はい」と応じた。裁判長は「約束ですからね」と重ねた。

裁判員の1人は判決後の会見で語った。「介護殺人は後を絶たない。介護施設と病院と行政が連携して、介護者の心のケアをしてほしい」

（黒田健朗）

障害者施設の深い闇

2017.12.8

知的障害者向けの福祉施設で、職員による入所者への暴行事件が起きた。障害者が安全に過ごせるように見守るはずの施設で、起きていたのは、入所者への恐怖支配だった――。

２０１７年11月20日、宇都宮地裁。宇都宮市の社会福祉法人が運営する障害者施設で、入所者が暴行を受け、大けがを負った事件で、傷害や暴行の罪に問われた施設元職員の被告の女（25）と、傷害の罪に問われた無職の被告の男（22）の両被告の初公判が開かれた。元柔道選手の被告の女は大柄だ。

「間違いありません」。裁判官に認否を問われると、２人は起訴内容を認めた。

起訴状によると、2人は共謀し、4月15日午後6時ごろ、知的障害者施設の入所者の男性に、足蹴りするなどの暴行を加え、腹腔《ふくくう》内出血や腰椎《ようつい》骨折など、6カ月の大けがを負わせた、とされる。また、被告の女は、栃木市の障害者施設でも、入所者の女性に平手打ちなどをしたとされる。

冒頭陳述や公判などから事件をたどる。

被告の女は、柔道の有段者で2014年3月、柔道関係者の紹介で社会福祉法人に入社した。障害者福祉について学んだ経験はなく、入社後も研修を受けないまま、宇都宮市内の知的障害者施設に配属された。

施設では、日々、入所者が指示に従わなかったり、暴れたりすることがあった。被告の女は入所者たちに次第にいらだちを募らせ、他の職員に相談したが、「仕方がない」と言われるだけだった。

施設では職員による暴力は日常的で、入所者は暴力を恐れ、職員の指示に従っていたという。その様子を見て、被告の女も平手打ちなどの暴力を振るうようになった。大柄で力のある被告の女は入所者から恐れられるようになり、被告の女が手を上げると、おとなしくなる入所者もいたという。

被告の男は施設利用者の1人だったが、16年3月から研修名目で働くようになった。暴力を振るう被告の女の指示に入所者が従う様子に憧れ、まねて入所者に平手打ちをするようになったという。暴行を見かけた他の同僚からも「やり過ぎるなよ」と言われただけだったと振り返る。

事件は被告の女が施設で働き始めて3年を経た17年4月15日に起きた。入所者がテレビを見て過ごす訓練室で、午後6時ごろ、突然大声を出して暴れ始めた女性入所者に、男性入所者がつかみかかった。

被告の男が止めにかかったがおさまらず、すぐに被告の女に助けを求めた。被告の女は男性を押さえ込むと、廊下まで引きずって正座をさせた。

それから約40分間、暴力は続いた。肩を殴ったり、うずくまったところを蹴りつけたり。腰を蹴ったときに男性が跳び上がったのを見て被告の女が「やり過ぎた」と感じて暴行をいったん中断した。

その後、男性がテレビを脇見した様子が気に入らなかった被告の男は、モップの柄《え》で殴ったり、アルコールスプレーを吹きかけたりして暴行を再開。男性は翌日の昼ごろから体調不良を訴え、夜に意識を失った。病院へ運ばれたときには腹腔内に1・5リットル以上の出血があり、治療が遅れれば、命の危険があったという。

その後2人は同じ社会福祉法人が運営する別々の施設へ異動させられた。しかし、栃木市の施設に移った被告の女は再び暴行事件を起こす。8月23日、入所者の女性(当時57)が、指示を聞かなかったことに、被告の女は立腹。女性の頭を上からつかむと、カレーの入った食器に顔を押しつけ、「怒っても(指示した通りに)やらない。ペット以下じゃん」などと暴言を吐いた後、平手打ちを受けて倒れた女性の腰をひざで押さえつけた。

12月1日にあった被告人質問。

被告の女は、弁護人に暴力を振るった理由について問われると、「口で言うことを聞かない人に言うことを聞かせるためだった」と述べた。一方で「イライラが募っていて自分を止められなかった」と述べた。

弁護人「いま、平手打ちをすることは悪いことだとわかりますか」

被告の女「いけないことをしてしまったと反省しています」

裁判官「武道をやっている人は、普通人に対して傷つけないように教わると思いますが、柔道家として、人を傷つけてはいけないと思わなかったか」

被告の女「柔道技でなければ問題ないと思った」

「当初は暴力が好きではなかった」とも、小さな声で漏らした。

被告の女は公判中、暴行に至った経緯や被害者への気持ちを聞かれると、何度も涙を流した。

検察側は論告求刑で「2人は障害者施設の職員として重度の知的障害者を守る立場にあったにもかかわらず、被害者が自力で被害を訴えることが困難であることを逆手にとった犯行で極めて卑劣」と述べ、被告の女に懲役2年6カ月、被告の男に懲役2年を求刑した。

弁護人は最終弁論で「両被告は福祉の教育、研修を受けられなかった」「(施設内に)暴力の連鎖があった」と主張した。

12月8日に宇都宮地裁で開かれた判決公判。

裁判官は被告の女に懲役2年4カ月執行猶予4年、被告の男に懲役2年執行猶予4年の有罪判決を言い渡した。

裁判官は判決で「施設での虐待事案は、力で押さえつけたほうが入所者を管理しやすいという安易な考えを背景に、外部の目が入らないなかで暴力がエスカレートしがちで、一般予防の見地からも厳しい対処が必要」と述べた。一方、動機や経緯を考えると「『陰湿な弱い者いじめ』と同列に扱うわけにはいかない」と、2人を執行猶予とした理由を説明した。

裁判官は判決を読み終えると2人に「判決の内容はわかりますね」と優しく尋ねた。2人が強くうなずくのを見て、こう続けた。

「執行猶予というのは社会での反省を考慮しています。大切なことは4年間、悪いことをしないかが試されているということです」

2人は静かにうなずいた。

（若井琢水）

＊追記　検察、被告側とも控訴せず、判決が確定した。

家族思いの男の衝動的犯罪

2018.1.30

親族から受け継いだ家を長く守っていこうとリフォームを考えた60代の女性が、工事を相談した工務店の男に殺害され、床下に遺棄された。法廷で、男が主張した動機とは――。

2018年1月24日、東京地裁。殺人と死体遺棄の罪に問われた元工務店員の被告(53)の初公判が開かれた。被告は裁判長に認否を問われると、「殺人罪については認めます。死体遺棄罪については争わせていただきます」と述べた。被告の弁護人は「(被害者が)遺棄時に死亡していたかどうかを争う」として起訴内容を一部否認した。

起訴状によると、被告は17年1月11日、勤務先の工務店の顧客だった女性(当時62)

宅で口論になり、顔や手足を粘着テープで緊縛。台所の床下に運んだ後、包丁で左胸を数回突き刺して殺害し、遺体をその場に遺棄したとされる。

検察側、弁護側の冒頭陳述や、被告の証言などから事件をたどる。

被告が初めて女性宅を訪問したのは16年12月23日。親族から引き継いだ住宅のリフォームを、女性が被告の勤務先の工務店に相談したのがきっかけだった。女性は2階洋間のリフォームを希望。被告は、何度か女性宅を訪問した。女性が希望する工期で工事をできないことから、被告は17年1月5日、電話で仕事を断ったが、11日に女性宅を再訪した。

18年1月24、25日の被告人質問。女性宅を訪ねた理由を問われると、被告は「リフォームを断ったことを直接おわびし、顧客としてつなぎとめておこうと考え、女性から聞いた玄関ドアの部品の不具合も無償で修理しようと考えていた」と話した。

だが、実際はドアを修理することはできなかった。

被告「部品メーカーがつぶれていて、交換するしかないことを伝えると女性が急に激高し、『交換するとは言っていない』と言われた」

被告は女性の言葉を聞いてカッとなり、女性を右の拳で殴り倒して馬乗りになり、殴り続けたという。被告は、以前女性と会話した際に、自分の母親を揶揄《やゆ》されたことも頭に浮かんだ、と主張した。

被告「母の再婚の話を持ち出したら、両親の年齢を聞かれ、（義父が）15歳年下だと知った女性から、『ずいぶん若い男をつかまえたのね』などと言われた。ドア部品の件で指摘されている最中に思い出し、なぜこの人に言われないといけないのか、と爆発してしまった」「母親は女手一つで育ててくれた『心から尊敬するべき人』で、いまは認知症を患《わずら》っている」

現場に居合わせたのは、被告と被害女性のみ。2人のやりとりは、いまとなっては被告の供述でしかわからない。

被告は女性を殴った後、「とんでもないことをしてしまったと気がついたが、このままでは（自分の生活の）すべてが奪われると思った」という。

検察側によると、被告は玄関付近に置かれていたという粘着テープで、倒れた女性の顔や手足を縛った。被告は身動きができなくなった女性を台所に運び、冷蔵庫の下にある床下収納庫を開け、床下に落とした。

被告「(女性の体が)動いたのでパニックになって、台所にあった包丁で刺した」

被告は凶器の包丁を床下へ投げ捨て、再び収納庫を取り付けた後、ふたをした床に敷物を置き、冷蔵庫を動かして元通りにした、と説明した。

女性は3人姉妹の末っ子で、この家で1人暮らしをしていた。いちばん上の姉が17年2月になって隣家の人から「夜も雨戸が閉まっていない」などと電話を受けた。家中を捜したが見つからず、4月になって床下を懐中電灯で照らして調べ、遺体を発見した。

姉はこの間、女性の手帳の記載をもとに、1月11日に訪問予定だった被告に電話で、女性の消息を問い合わせてもいた。

だが、「1月中の工事は無理と伝えたのでその後電話もしていないし、会ってもいない」「会社は休みで予定を入れるわけがない」などと強い口調で関与を否定されていたという。

警視庁が死体遺棄容疑で被告を逮捕したのは4月15日。

被告はこの日朝に自宅の家宅捜索を受け、午後になって、理由を問うた妻に初めて犯行を打ち明けた。法廷で弁護側は、被告の情状証人として妻の出廷を求めた。

妻「とても信じられず、言っていることがよくわかりませんでした。仕事でも何でも嫌なことがあれば話してほしかった。（被告はそれまで）まじめで優しくて家族思いで、家族が笑っていれば幸せそうな顔をしていました」

妻は、事件で被告の収入が途絶えて住宅ローンが返済できなくなったとして、連帯保証人として自己破産する予定だ、とも語った。

このほか、事件後に結婚式を控えていた被告の長女らの思いも法廷で朗読された。「優しく育ててくれたかけがえのない父親です。犯した罪は消えることはなく、自分の罪としっかり向き合い、償ってほしい。父と母をともに支えていきたい」

一方、検察側は女性と交際していた男性の出廷を求めた。女性が男性と旅行先で撮った笑顔の写真を法廷のスクリーンに映し出した。

男性「写真でわかるように、元気でにこにこしていた人にもう会うことができない。話すことができない。悲しくて悔しい」

女性の2番目の姉も検察側証人として意見陳述した。「がらんとした妹の遺品を整理するとき、やりきれない思いがします。もっと早く見つけてあげられなくてごめんね」

被告が犯行後に、女性の携帯電話や勤務先が作った工事見積書などを持ち去って捨てたことにも言及。「犯行後の証拠隠しがあまりにも上手だった。遺体が見つからなければ完全犯罪をしようとしていた被告を決して許せません」と語った。

18年1月25日の論告求刑公判。検察側は、被告が口論から殴打し、それを隠すという自己保身の目的で女性を殺害した、と断罪した。

検察官「粘着テープで目と口をふさぎ、両手首を緊縛。さらに粘着テープを顔に何重にも巻き付け、動けない状況の女性をさらに床下に押し込み、包丁で左胸を複数回刺した。残虐極まりない犯行で、女性を人とすら見ていない」

遺体を見つかりにくい場所に巧妙に遺棄したことなども挙げ、女性の恐怖や苦痛は想像に余りあり、親族にさよならも言えずにこの世を去った無念さは計り知れない、と述べて懲役16年を求刑した。

一方、弁護人は同日の最終弁論で、「被告は尊敬すべき母親の認知症が進み、追い詰められていた。母に対する言葉を聞かなければ、犯行は起こらなかった」と訴え、懲役

8年が相当と主張した。

被告は審理の最後に裁判長から言いたいことを問われ、涙を流してこう語った。

「事件を起こし、人間として、夫として親として本当に未熟でした。ご遺族の方に私が言葉で謝罪していることを受け取っていただけるとは思いませんが、本当に申し訳ございませんでした」

1月30日、判決公判。裁判長は「被害者の発言が殴打するきっかけとなっても、暴力を受けたり、生命を奪われたりしなければならないような落ち度があったとは言えない。犯行動機は身勝手で、経緯や動機に酌むべき点は乏しい」などと述べ、懲役14年を言い渡した。

判決後、被告は傍聴席の遺族に向かって一礼した。


（長谷文）

我が子2人を殺めた母の苦悩

2018.3.13

苦しそうに声を漏らす3歳の次男。女は一瞬、首を絞めたベルトを緩めた。懸命に息を吸う小さな息子。だが、女は再び手に力を込める。数時間後には、11歳の長男も手にかけた。「子どもが私にとっていちばん大事」。法廷でそう語った女が、なぜ我が子2人を殺害したのか――。

２０１８年1月15日、福岡地裁1号法廷。殺人罪に問われた山口県光市の被告の女(38)の初公判があった。白いセーターに黒っぽいパンツ姿。裁判長から起訴内容に間違いがないかを問われると、「ありません」と平板な声で答えた。

起訴状によると、被告は16年6月7日夜から8日未明までの間、熊本県山鹿市に駐車中の乗用車内で、チャイルドシートに座っていた次男（当時3）の首をベルトで絞め、窒息死させた。その後、熊本市北区に移動し、車内で寝入っていた長男（同11）の首をロープで絞めて殺害したとされる。

公判などから事件をたどる。

被告は04年に大学時代の同級生だった夫と結婚。05年に長男、13年には次男が生まれた。次男には食べ物をかんだり、のみ込んだりがしづらい摂食障害の症状が見られた。

18年1月17日にあった被告人質問。被告が次男の世話などで忙殺されていた様子が明らかになった。

弁護人「摂食障害とはどんなものでしたか」

被告「崩れる寸前まで煮たかぼちゃでも、（次男は）歯でかんだり舌でつぶしたりできませんでした。飲み物はスプーンでとらせていました」

弁護人「十分な水分をとるのにどれくらいの時間がかかりましたか」

被告「40分から1時間です」

次男の摂食障害がわかったのは1歳半になったころ。医師と相談して1日2回、経鼻《けいび》チューブで栄養剤をとらせ、ぐずって暴れないようバスタオルにくるんで寝かせた。食べるたび、胃に入っていることを確かめるため聴診器をあてた。

2歳になってからはすべての食材をミキサーでつぶし、一口ずつ食べさせた。次男の就寝後には毎晩、成長ホルモンを注射した。「食べることが好きになって、大きくなってほしいとずっと思っていました」

次男にかかりきりだった一方で、長男には野球チームの練習の送迎や弁当作りを欠かさなかった。被告は法廷で長男の思い出として、バレンタインデーにチョコを三つもらってきたことを挙げた。「女の子に手紙ももらって、私もとてもうれしかった」

多忙な家事を被告はほとんど1人でこなしていた。

弁護人「家であなた以外に次男へのサポートや長男の送り迎えができる人は」

被告「いません」

弁護人「あなた以外には?」

被告「ないと思います」

家計の悩みもあった。08年、被告の両親が交通事故で亡くなり、8000万円を相続した。だが自宅の新築のほか、夫による起業、競馬、ほぼ1年ごとの新車の買い替えで遺産はみるみる減り、事件の数カ月前には底をついた。被告は「両親が大事にしていたお金をきちんと管理できなかった」と悔やんだ。

弁護人「使ったのは夫なのに責任を感じたのはなぜですか」

被告「私が妻としてちゃんと夫に言えなかったからです」

もともと対人関係が苦手だったという被告。次男を妊娠中に離婚を切り出された経緯もあり、夫に強く言い出せなかったという。

義父の言葉も追い打ちとなった。「『次男は呪われているんじゃないか。亡くなった両親がとりついているから障害があるんじゃないか』と言われました。ショックで、私のせいなんじゃないかと思いました」

後に、この話を聞いた夫からも「おやじが言ったように呪われているな」と言われたという。事件の1カ月ほど前のことだった。

夫は別の日の証人尋問で、この発言の理由を述べた。

夫「次男が夜泣きをしたのであやそうとしたがうまくいかず、(被告に)『向こういっとって』と言われてイラッとして言ってしまった」

被告と夫の間には、子育てや家計をめぐって大きな認識の差があった。

裁判官「次男の成長について、焦らなくていいと被告に言ったんですか」

夫「はい。そういう言い方をしました」

裁判官「当時の生活はほぼ遺産でやりくりしている。すごいペースで使っているという感覚はありませんでしたか？」

夫「なかったです」

裁判官「家も車も買っているのに？」

夫「仕事もあったし」

裁判官「責めるのではないですが……。どうして、と思ってしまうのですが」

夫「いまでは自分でもそう思います」

夫による遺産の浪費や次男の発育に改善の兆しが乏しかったこともあり、被告は16年4月には、何をする気も起こらなくなったという。

この月、実家がある熊本で大きな地震が二度起きた。だが、故郷を心配する気持ちさえ徐々に薄れていき、「自分には価値がない」と死を意識するようになった。ただ子どものことは気がかりだった。

再び18年1月17日の被告人質問。

弁護人「次男を巻き込んだのはなぜですか」

被告「私がいないと生きていけないからです。私がすべての世話をしていた」

弁護人「なぜ長男も？」

被告「悩みました。でも私がいないと寂しい思いをすると思いました」

そして、16年6月7日午後4時ごろ、学校から帰宅してきた長男と次男を連れ、あらかじめロープとベルトを積んだ車で山口県を出発。熊本県山鹿市で駐車中の乗用車内で、チャイルドシートに座っていた次男の首をベルトで絞めた。苦しそうに声を漏らす次男を見て、被告は思わず首のベルトを緩めた。次男は懸命に息を吸ったが、再び手に力を込めた。「もう苦しめたくない」

数時間後、助手席で眠っている長男を手にかけた。首をロープで絞めると、長男が首に手を伸ばした。それを見て今度は力をさらに込めた。どれだけの時間、そうしていたのかは、わからない。やがて、ぐったりした長男を泣きながら抱き寄せた。「ごめんね」2人を殺害後、被告も対向車のトラックに車ごと突っ込んで死のうとしたが、交通事故で死亡した両親の顔が思い出され、できなかったという。

弁護人「命を奪うことを長男と次男がどう思うか、考えなかったんですか?」

被告「考えていませんでした。おかしいと思う」

弁護人「あなたの判断と子どもの希望、事件当時の精神状態でなければどちらを優先しましたか」

被告「子どもです」

弁護人「どうして?」

被告「子どもがいちばん私にとって大事だからです」

子どもたちに言いたいことを尋ねられると、こう答えた。「私に生きる意味や価値があるのか、毎日悩んでいる。生きていいの? って言いたい」

18年1月19日の論告求刑公判で検察側は「道連れにするのは愛情ではなくエゴ。自分のために2人の命を奪った」と指摘し、懲役18年を求刑。弁護側は、夫が遺産を使い果たしたことや次男の世話で疲労困憊《こんぱい》し、「うつ状態だった」として懲役12年が相当と訴えた。

1月24日の判決公判。裁判長は殺害について「短絡的で身勝手な決断だ」と述べる一方、「耐えきれないほどのストレスが積み重なっていた。酌むことのできる事情が多く認められる」。懲役15年が言い渡された。

裁判長は最後、被告にこう語りかけた。「子どもを殺すという間違いを犯したのは、周りに頼ることができないあなたの性格が原因です。困ったら誰かに手を伸ばしてください。そしていつか社会に戻ってきて、あなたなりに生きる価値を見つけてほしい。それができる人だと私たちは信じています」

証言台でハンカチを握りしめながら聞いた被告。控訴はせず、2月8日に判決が確定した。

（菅原普、一條優太）

「母ちゃん殺した」

2018.5.7

病苦から解放してやりたい――。50年以上連れ添った伴侶に懇願された夫は、妻を自らの手にかけて殺害した。老いゆく体にむち打ちながら介護を続ける夫と、日に日に病状が悪化していく妻。法廷では「老老介護」の過酷さや苦しみが夫の証言から明らかにされた――。

2018年1月17日の名古屋地裁。名古屋市北区の自宅で17年10月、妻（当時79）の首にひもを巻きつけて殺害したとして、嘱託《しょくたく》殺人の罪に問われた夫（80）の初公判が開かれた。裁判長から罪状について問われ、「（間違っているところは）ありません」と答えた。

夫婦は66年に結婚。子どもはいなかったが、半世紀近く支え合い、連れ添ってきた。妻はリウマチや腎不全《じん》を患い、10年からは週3回、人工透析をしなければならないほど病状が悪化。リウマチで人工関節を埋め込んだひじの痛みにも苦しんだ。数年前から車いすでの生活となり、事件当時の介護区分は、生活全般に介護が必要な「要介護3」だった。

夫も長年の介護で腰の骨を圧迫骨折し、しゃがんだり、立ったりすることさえ困難に。脳梗塞《のうこうそく》も発症し、自身も日常生活で支援が必要な「要支援2」と認定された。それでも、妻の通院の付き添いや入浴介助、食事の世話を続けた。

被告として立った法廷で夫は、過酷な介護の日々を振り返った。

弁護人「家事はどうしていたのか」

夫「全部私がやった。病院に連れて行って帰って、仕事やっての繰り返し」

弁護人「入浴は」

夫「足の先まで洗ってシャワーをかけた。風呂に入れるのは重労働。（妻の体重は）33キロしかなかったけど、かなり負担。ずり上げて、引っ張らないといけないから」

弁護人「(妻が)車いす生活になり、何が大変だった」
夫「ベッドからポータブルトイレに座らせるのが大変だった」
裁判官「生活は、奥さんの介護がほとんどを占めていたのか」
夫「大体90%ぐらい」
6年前、妻が右ひじの手術を受けてからは、夜通しの介護が続くようになった。患部を衛生的に保つため、1日に3、4回はガーゼを交換した。「(うみが出る患部を)熱い湯で洗って、ガーゼをあててネットをかぶせる。それをやるのでも15分」。妻は肩などの痛みも訴え、夫は保冷まくらで冷やすなど献身的に看病した。
一時期は、互いの腕をひもで結んで寝たこともあったという。
弁護人「ひもで結んでいたのは」
夫「(妻は大きな保冷まくらを)持てないから、起きないといけなかった」
そんな生活が2年ほど続くと、夫は小さな物音でも目が覚めるようになり、2人を結ぶひもの必要はなくなった。夫は妻に夜は1時間半おきに起こされたという。追い打ちをかけるように、妻の左ひじの状態も悪化した。17年10月に受診すると、医師から「痛みを取り除く手術は体力的に難しい」と告げられた。診断は妻に大きなショックを与えた。

弁護人「診断から妻は変わった?」

夫「180度くるっと変わった」

弁護人「透析を受けるのは」

夫「『行かない』と言い出した」

医師に「手術は無理」と告げられてまもない同月24日の夜。妻はこう言って、死を望んだという。

「お父さん、楽にしてちょうだい」

妻の苦しみを十二分に知る夫は、願い通りに妻の腕にカミソリをあてた。だが、殺害するほどの傷を負わせることはできなかった。「妻が眠った」と思った夫は、1杯の酒を口にして床についた。

するとと部屋に、妻の声が響いた。「お父さん、死んでいないよ」。妻はさらに続けた。「お父さん、これ以上生きられないんだよ。押し入れにひもがあるから持ってきて」。かって夫婦が就寝時、互いの腕を結ぶのに使っていたひもだった。
妻「人殺しじゃない。お父さん、後からついて来るんだから」
夫「ほんまにいいんだな」
妻「お願い。終わりにして」
夫「わかった。俺が全部背負っていくわ。いいんだな」
妻に二度、三度と念を押したうえで、首を絞めた。
夫「苦しい顔はしていなかった。『ごめんね』という小さな声が聞こえたぐらい。20～30分そのまま。いろんな話をしながら絞めていたと思う」
弁護人「殺してどうするつもりだった」
夫「自分も死ぬつもりだった。でも、頭のなかに何も出てこなかった。110番して、『母ちゃんを殺した』と伝えた」
検察官「殺害した後の気持ちは」
夫「気持ちよりも、家内の痛み、苦しみを和らげてやるのが先決だった」
裁判官「殺害のいちばんの理由は痛みを和らげるため」

夫「そうです。あの苦しみはそばにいる人間じゃないとわからない。苦しみから解放させてやりたかった」

110番通報を受け、駆けつけた警察官が微動だにしない妻を確認した。夫は殺人未遂容疑で逮捕された。

夫は「老老介護」の末、追い込まれたのか？

夫婦は介護サービスも利用していた。ただ、妻の意向で、週3回の透析の送り迎えに付き添う程度しか依頼しなかった。「負担を軽くするようにショートステイなどを勧めるべきだった。（被告は）本当によくやっていた」。この夫婦を担当したケアマネジャーは、証人尋問で、こう振り返った。

検察側は論告で「介護サービスをより利用するなどできた。被害者の生命を奪ったことは短絡的で強く非難されるべきだ」として、夫に懲役2年6カ月を求刑。弁護側は「多大な時間を介護に割いてきた被告に対して、残りの人生を刑務所で過ごすという判断は酷だ」とし、執行猶予付きの判決を求めた。

長年、妻を支え続けてきた夫の姿を知る近隣の住民や新聞販売所の従業員からは「嘆願署名はしないのか」という声があがった。団地の自治会が中心になって、寛大な処分を求める嘆願書を集め、裁判所に325通を提出した。

迎えた18年3月23日の判決公判。裁判長は、被告が事件を起こした経緯について「同情の余地は大きく、非難の程度は限定的」と指摘。被告が自首したことや、ケアマネジャーや近隣住民が支援を約束していることなども考慮し、懲役2年6カ月執行猶予4年の判決を言い渡した。

法廷で、涙を拭いながら判決を聞いた夫は、傍聴に駆けつけた支援者と抱き合った。夫婦が暮らした団地には、いずれ老老介護に直面する老夫婦も少なくない。自治会長の男性(71)は「ひとごとではない」とかみしめるように語った。

夫、検察はともに控訴せず、判決は4月7日に確定した。

(仲程雄平、山本恭介、井上昇)

「悪魔が……」その声は本当か

2018.5.18

東京都中野区で劇団員の女性（当時25）が見ず知らずの男に後をつけられ、自宅で殺害された事件。殺人罪などに問われた被告の男（39）は幻聴が聞こえ、突発的に殺害した、と主張。刑を軽くするよう求めた。裁判員が男に下した判決は——。

東京地裁で2018年2月16日に開かれた初公判。黒色のジャケットを羽織った被告は、背中を丸め、おずおずと法廷に現れた。裁判長から証言台に立つよう促されると、女性の殺害は認めたが、殺害したのは幻聴によるものだ、と訴えた。小さな声だった。

起訴状によると、被告は15年8月25日午前0時50分ごろ、東京都中野区の路上で、帰宅途中だった女性の後をつけ、自宅マンションに侵入。女性に抵抗されたため、扇風機のコードで首を絞めて殺害したなどとされる。

公判などから事件をたどる。

被告は福島県の高校を卒業後、97年に上京。不動産会社などで働いていた。だが、「給料が少なすぎて、まわらない」と仕事を辞めて、東京都中野区の自宅を引き払い、実家に戻ることを決意。事件前日の15年8月24日は、引っ越し作業をしていた。

一方、被害者の女性は大学卒業後、宮城県から上京。出版社などで働いた後、役者になる夢をかなえようと劇団に入り、アルバイトで生計をたてていた。

女性は8月24日夜、女子会に参加。25日未明にコンビニに立ち寄り、自宅へ向かった。2人の家の距離は直線で数百メートル。深夜、路上で被害女性を見かけた男は女性の後をつけた。面識はなかった。女性はマンションの2階の部屋に1人暮らし。被告は「LINEのIDを交換したいと思った」と主張した。

被告がいつ女性に声をかけたのか。犯行時刻をめぐり、検察側と弁護側の主張は対立した。

弁護側は、被告は女性が部屋に入るときに声をかけたと主張した。

被告人質問。
弁護人「被害女性を見かけたとき、どう思ったのですか」
被告「福島の地元に戻る前に、友人の1人として東京とのつながりになってほしくて声をかけようと思いました」
弁護人「女性宅の前で声をかけたら何が起きましたか」
被告「短く『わっ』と言われました。ドアに挟まる感じで尻餅をついて、後ずさるようにして部屋のなかに入りました」
被告は、女性を目にしてから、男の声で「悪魔がうつる。早く倒さないと」という幻聴を聞いていたとも主張。声の指示に従い、首を絞めて殺害した、と訴えた。
一方、検察側は、女性の帰宅後、しばらくしてから被告がわいせつ行為をする目的で女性宅に侵入し、殺害したと主張した。
検察側は、女性は25日午前0時33分過ぎに帰宅し、午前0時41分に交際相手からLINEのメッセージを受信。交際相手が午前0時50分前後に女性がメッセージを読んだことを示す「既読」がついたのを確認した、と指摘した。

検察側の証人尋問で、女性の階下に暮らす住人の男性が証言した。
証人「短い時間でとても大きい音がした。何をやればこの音が出るのかと思いました」
住人は音を聞いて、階段を上がり、女性宅付近まで様子を見に行ったという。
検察官「階段から玄関扉は見えましたか」
証人「はい。閉まっていました。女性の『な、ん、で』という声が聞こえました」
検察官「音や声はどのくらい続きましたか」
証人「10分弱。お酒を飲んで嫌なことがあって、酔っ払って帰ってきたのかなと思い、部屋に戻りました」
検察側は住人が女性宅に向かった時間を立証するため、住人は午前0時35分から約10分間、午前0時51分から約13分間、ネット検索を中断したとする検索履歴を証拠提出。女性と交際相手のＬＩＮＥの交信時刻から、住人が大きな音を聞いて、女性宅付近に様子を見に行ったのは、午前0時51分からの約13分間で、この時間帯が犯行時刻にあたると指摘した。

さらに、殺害時の状況についても問うた。
被告「被害者が動かなくなり、我に返りました」
検察官「あなたは、我に返り、被害者の生死の確認をしたと言う。それでも、被害者が動いたら、殺害行為を続けようと思ったと言う。それはなぜですか」
被告「悪魔を倒すために殺そうと思いました」
検察官「我に返ったのに被害女性を悪魔だと思っていたのですか」
被告「はい」
裁判官も被告が聞いたという「声」について説明を求めた。
裁判官「『悪魔がうつる』という声の意味をどう理解したのですか」
被告「よくわかりませんでした。当初は」
裁判官「意味のわからない指示に従わねばならなかったのは、なぜですか」
被告「ちょっとわかりません。悪魔がうつるので、行動に移しました」
被告は、凶器などを持ち去って証拠隠滅。福島の実家へ戻り、逮捕されたのは半年後のことだった。

被告は、検察側の精神鑑定で「回避性人格障害」と診断されていた。鑑定した精神科医は出廷し、対人関係に恐怖を感じるなかで、自らが傷つかないようにするために回避的な行動パターンをとる、と説明した。ただ、精神科医は、被告は当初は幻聴について語っておらず、「声が聞こえた」という被告の主張は「虚偽の可能性がある」とも証言した。

18年2月22日の公判には、被害者の母親が証人として出廷し訴えた。

証人「なんで娘が殺害されなければならなかったのか、（被告の）話を聞いても訳がわからない」

母親は3カ月ごとに上京し食事を作ったり、部屋を掃除したりして俳優を志す女性を支えたという。

母親は事件2日前まで女性のマンションに泊まっていた。

証人「23日の早朝に娘の家を出ました。『また来るね』と言ったら、娘は寝ぼけ眼で『じゃーね』と答えてくれました」

検察官「娘さんの将来が閉ざされたことについて、思いを聞かせてください」

証人「娘は役者を目指し、一生懸命頑張っていました。将来を閉ざされ、無念でならなかったと思う。どれだけ苦しかったのだろうと思うと、かわいそうでなりません」

母親は涙声で、言葉をしぼり出した。

2月26日の公判。被害者参加制度を利用し、女性の父親が意見陳述した。

女性は大学を卒業して上京する朝、父親へ宛てた置き手紙を残した。

「東京へ行ってきます。大変なことがたくさんあると思うけれど、元気に頑張ります。体に気をつけて、病気をしないで。お酒を飲み過ぎないで」と書いてあったという。

父親は法廷で、亡き娘に宛て、現在の心情をつづった手紙を読み上げた。

「きっと明るい性格だから、天国ではたくさんの友人に囲まれているでしょう。寂しかったらお父さんを呼んでください。いつでも行きます。生まれてきてくれてありがとう。生まれ変わってもお父さんとお母さんの娘でいてください」

傍聴席からはすすり泣く声が聞こえた。女性は2週間後に舞台に立ち、親族も見に来る予定だったという。

検察側は論告求刑で「幻聴があったとしても、被告の心の声に過ぎず、責任能力を軽減するものではない」「役者になる夢を持っていた女性が、見ず知らずの男に襲われ、激しい恐怖と苦しみのなかで亡くなった。犯行は極めて悪質」とし、無期懲役を求刑した。

遺族側の代理人弁護士は「被告は聞くに堪えない弁解に終始している。遺族は自らの命より大切な娘を返してほしいと極刑を求めている」と述べ、死刑を求めた。

被告側は女性に落ち度は「まったくない」と述べたうえで、「被告は犯行時、精神障害で判断力や行動制御力に問題があった」と訴え、懲役17年程度が相当、と意見を述べた。

3月7日の判決。裁判長は階上の音を聞いた住人らの証言の信用性を認め、犯行時刻は帰宅直後ではなく、午前0時50分ごろと認定。幻聴については、精神科医の証言から「存在しなかった」とした。そして「被害者は25歳という若さで役者になるという将来の夢や希望を持って歩んでいた人生をあまりにも理不尽な形で絶たれたのであり、その無念は察するに余りある」と述べ、求刑通り無期懲役を言い渡した。

被告は3月19日付で控訴した。


（長谷文）

Ⅱ 「ひとりぼっちが怖かった」

暴れる息子を檻に監禁し続けた20年

2018.7.17

重い障害のある長男を何年にもわたって、立ち上がることもできないほど狭い檻《おり》のなかに閉じ込めた理由はなんだったのか。監禁罪に問われた父親の公判では、この点に注目が集まった――。

２０１８年6月19日、神戸地裁で最も大きい１０１号法廷は大勢の傍聴人で埋まった。電動車いすに座った障害者らの姿も多い。小柄な被告（73）は、体格に合わない大きめの灰色のスーツ姿。背中を丸めて証言台に立った。

検察官が読み上げた起訴状によると、被告は18年1月に病死した妻と共謀し、13年４月から18年1月までの約4年9カ月間、自宅隣のプレハブ内に設けた南京錠つきの木製の檻で長男（42）を監禁し、母屋で生活させたのは2日に1回、約12時間ずつだけだった。内容について裁判官から問われると、落ち着いた声で「その通りです。間違いありません」と認めた。

事件の経緯を、冒頭陳述や被告の証言からたどる。

被告と妻は75年に結婚し、大阪市で暮らしていた。同じ年に生まれた長男には、重度の知的障害があった。

弁護人「小さいころから障害があったと気づいていましたか」

被告「2歳くらいから認識しました。言葉をしゃべらないし、行動が普通の子ではない」

弁護人「成長して、コミュニケーションはとれるようになりましたか」

被告「しゃべれないので、コミュニケーションは生まれてから一度もありません」

弁護人「成長とともに、別の部屋で1人で生活することはありましたか」

被告「ありました」

弁護人「どういうきっかけでしたか」

被告「暴れて、家内の腕をひっかいたり、かんだりしてひどい状況でした。放っておけないと思い、座敷牢みたいなのを作ってそこに入れました」

91年、家族は兵庫県三田市に引っ越した。当初は自宅の母屋2階に住まわせたが、長男は跳ねたり暴れたりが続いていた。

弁護人「プレハブを建てて生活させるようになったのですか」

被告「はい」

弁護人「当初、檻はなかったのですか」

被告「ありませんでした。ベッドとポータブルトイレを置きましたが、夜も構わず大声を出して壁をたたきまくるので、ご近所の迷惑になるし、実際、『うるさい』『やかましい』とも言われたので、檻を作れば少しはおさまるかなと、作って入れました」

ホームセンターで材料を買って作った檻は、高さ約1メートル、幅約1・8メートル、奥行き約0・9メートル。長男が暴れないよう、なかで立てない大きさにし、南京錠をかけた。被告は当時タクシー運転手として働いており、仕事などで家を離れるときは36時間にわたって長男を檻に入れることもあった。排泄《はいせつ》は、檻に敷いたペット用のトイレシートでさせていた。

被告は、監禁罪の時効の関係で5年分の行為について起訴されたが、こうした生活は18年1月22日に三田市職員が長男を保護するまで、20年以上にわたって続いていた。市が知ったきっかけは、被告が妻の介護を福祉関係者に相談した際、檻について打ち明けたことだった。

保護当時、長男は腰が曲がって体を伸ばせない状態で、片方の目は失明、もう一方の目もほぼ見えなくなっていた。

保護のときの様子も公判で語られた。

弁護人「1月に、市の職員が長男の様子を見せてほしいと自宅に来ましたね」

被告「来ました」

弁護人「そのときどういう気持ちでしたか」

被告「特に思いはありませんでした。見せてというので、『見てもらったら』と思いました」

保護された長男は、福祉施設に入所した。

弁護人「父親としてはどういう責任がありますか」
被告「少し長きにわたったなという感は否めない。後悔先に立たずというか、いまは悔いています。もう少し早く行政に相談して、施設に入れてもらうよう努力すればよかったと、いまは反省しております」
弁護人「今後、長男とどう関わっていきますか」
被告「たとえ施設のお世話になるといっても、それで終わりではない。あくまで親子ですから、見守ってやりたい。できるだけのことをしてやりたい」
公判で弁護側、検察側の双方が繰り返し被告に聞いたのは、「なぜ、外に助けを求めなかったのか」という点だ。
被告によると、市には以前にも相談していたが、檻を見せていたかははっきりしない。
弁護人「93年ごろに自宅に面会に行ったという記録が市にありますが、檻を見たという記録はありません。そのとき、市職員とどういう話をしましたか」
被告「私の記憶では、（長男を）檻に入れている状態を見てもらいました。そのとき、何もおっしゃいませんでした。後日ご指摘があるかと思っていましたが、何もありませんでした」

三田市は「当時、自宅を訪れた職員2人は『檻を見た記憶はない』と話している」としている。

弁護人「相談しなかったのはなぜですか」

被告「何とか自分たちが元気な間は面倒を見たいということでした」

弁護人「奥さんの考えは」

被告「折に触れて入所を考えてとは言ったけど、あまり積極的な返事は返ってきませんでした」

弁護人「なぜですか」

被告「いまとなっては亡くなってしまったので、わかりません」

検察側も、施設への入所申し込みや、病院で治療を受けさせることをしなかった、と指摘した。

検察官「事件が発覚するまで、施設の順番待ちはしませんでしたか」

被告「申し込んでいません」

検察官「どうしてですか」
被告「なかなか難しいという先入観がありました。親として無責任だったと、いまとなっては思います」
検察官「病院にはなぜ連れて行かなかったのですか」
被告「家内もがんの宣告を受けて、長男以外の家族に意識がいっていました。本来なら医者に見せるべきでしたが、ついつい連れて行きませんでした」
検察官「どうすれば、このような事件にならずに済んだと思いますか」
被告「答えはいまだにわかりません」
どうすればよかったのか、いまだに答えは出ないという被告。最後に裁判官もこの点を尋ねた。
裁判官「周りに助けを求めようとは思わなかったのですか」
被告「そうですね。そういう考えが思い浮かびませんでした」
裁判官「思い浮かばないということは、被害者がないがしろにされているのではないですか」

被告「そう言われても仕方ありません。もっとほかにいい方法がなかったのか、警察にいる間も考えたのですが、答えは出ません」

裁判官「え？　いまでも答えが出ないんですか？　あなたからは、周囲に出しているSOSというのがあまり感じられないのですが」

被告「そういう考えが浮かびませんでした」

裁判官「もう少しSOSを出しておけばよかったのではありませんか」

被告「いま思えば、もっと行政に頻繁に相談にいくべきでした」

裁判官「申し訳ないという気持ちはありますか」

被告「それはありますね」

検察側は論告で「長期間にわたって常習的に行動の自由を奪った、悪質な犯行。妻にかみついたことをきっかけに被害者を閉じ込めるようになり、近所からの苦情を免れるため木製の檻内に閉じ込めたもので、動機に酌量《しゃくりょう》の余地はない。妻とともに公的機関に相談するなどして、施設での養育を考える余地もあった」と主張。懲役1年6カ月を求刑した。

これに対し、弁護側は最終弁論で近隣の苦情を受けたことなどに触れつつ「家庭内で面倒を見る最終手段が監禁となってしまった。被告らは適切な福祉サービスを受けられず長年孤立していた」と訴え、執行猶予付きの判決を求めた。公判は即日で結審した。

6月27日、判決言い渡しのため、被告は再び同じ法廷に立った。

裁判官は「被害者は、生涯の大半を立ち上がることもできないような狭い檻のなかで過ごすことを余儀なくされた。尊厳を著しくないがしろにするもので、到底容認できない」と述べる一方、「支援を必要とする人々の受け皿として地域社会が主体的な役割を果たすべきところ、社会全体が自覚に乏しかった。支援体制の整備や共生への理解が十分でなかったことも、このような事態を招いた一つの要因だ」と指摘。懲役1年6カ月執行猶予3年を言い渡した。

言い渡しを聞いた被告は何度も深くうなずき、立ち上がると、すぐにマスクをつけ、法廷を後にした。

だが、傍聴をしていた人からは「納得できない」という声が聞かれた。

知的障害がある息子を約20年間、1人で育ててきたという男性は判決後、「親は子どもの気持ちを推し量ってコミュニケーションをとるもの。暴れる子どものせいにして閉じ込めるなんて、あってはならない」と憤った。障害者支援団体の男性は「社会のせいだったらやっていいのか。檻に閉じ込められ、どれだけ苦しかったか」と語った。

公判で事件の背景をさらに掘り下げることができなかったのか。知的障害のある女性は「私たちは、ハンディを持っていても、生きた心を持つ人間です。こんなにすぐ答えが出るものなのでしょうか……」と声を震わせた。

（川嶋かえ）

83歳ゴールド免許、2人の命を奪う

2018.8.3

夫の看病のため泊まり込んでいた病院から、着替えをとるため、車で自宅へ向かおうとした元小学校教諭の女性(85)は、30代の男女2人をはねて死なせてしまう。法廷で、遺族の涙ながらの訴えを聞いた裁判官が言い渡した判決は——。

自動車運転死傷処罰法違反(過失運転致死)の罪で在宅起訴された女性の初公判は2018年5月11日、東京地裁立川支部で開かれた。開廷前からうなだれていた被告は裁判官、検察官、傍聴席の遺族にそれぞれ深く一礼した後、起訴内容について「間違いございません」と小さな声で答えた。

起訴状によると、被告は16年11月12日午後3時前、乗用車を運転して東京都立川市の病院の駐車場から出る際、ブレーキとアクセルを踏み間違え、歩道上にいた30代の会社役員の男性と、同じく30代のパートの女性をはねて死亡させたとされる。事故当時、車のスピードは時速約40キロまで上がっていた。

公判でのやりとりから、事故の経緯をたどる。

小学校で養護教諭をしていた被告には子どもがおらず、夫と2人暮らしだった。運転免許をとったのは約30年前で、退職後に夫と車で旅行するためだった。通勤に車を使ったこともあり、事故を起こしたことはなかったという。

事故当時、被告は83歳だった。同年5月には高齢者用の認知機能検査をクリアし、優良運転者に交付される「ゴールド免許」を更新。胆石の手術を機に入院した夫を看病するため、同年7月からは、車で自宅と病院を行き来していた。

弁護人「(病院まで) 車を使うようになった理由は」

被告「主人の着替えの持ち運びが少し楽になるのかなと」

夫は事故の2日前に容体が悪化し、集中治療室に移されていた。

弁護人「容体について医者から何か告知された?」

被告「いつ亡くなってもおかしくない状況と言われました。できるだけそばに付き添っていたいという気持ちがありましたので、手足をマッサージし、たえず付き添う状況でした」

事故の原因は、オートマチック車の操作方法だった。

弁護人「運転するときはいつも左足をブレーキ、右足をアクセルと踏み分けていた?」

被告「はい」

弁護人「それはずっと以前から?」

被告「習慣的にずっとそういうふうに運転していました」

被告は身長149センチ、体重約53キロと小柄。事故直前、運転席側にあった駐車場の精算機下の縁石を確認するため、体を右に傾けた際、いつもブレーキを踏んでいた左足が右側のアクセルのほうに移動したと見られている。

弁護人「前方に2人を見つけて何をしました?」

被告「踏んでいるのがブレーキだと思いましたので、かなり強く踏み込みました。ブレーキの故障だと思いながら踏み込んでしまいました」

被告は加速した車を止めようと左手でサイドブレーキをかけたが利かず、歩道にいた男女２人をはねてしまう。被告も事故で頭を強く打って約２週間入院。夫はその間に、容体が急変して死亡した。

被告「（事故を起こした車は）廃車にしました。（今後）車に乗ることは考えられません」

法廷で弁護人に促された被告は、裁判官の許可を得て立ち上がり、傍聴席に座った遺族に向かって、涙を流しながら謝罪した。被告はそれまで、遺族から直接の謝罪を拒まれていた。

被告「とんでもない過ちを犯してしまいまして、かけがえのない皆さんのご家族に大変な思いをさせてしまいまして申し訳ございません。できる限りの償《つぐな》いはさせていただきたいと思います。本当に申し訳ございませんでした」

検察官は被告人質問で、運転方法を批判した。踏み間違い防止のため、日本の自動車運転免許教習所では、アクセルもブレーキも、右足で踏むよう教えている。

検察官「免許取得時はブレーキもアクセルも右足で運転すると習いましたよね。どうして左足でブレーキを踏む運転を始めたのですか」
被告「足が短いほうで、右足でブレーキを踏むより、左足で踏むほうが確実だということが習慣になっていました」
検察官「踏み間違えによる事故が多いこと、ニュースで見てわかっていましたよね」
被告「はい」
検察官「自分には関係ないことだと思っていたんですか」
被告「そういうことは思いませんでした。そのときはたまたま踏んでしまって」
検察官「たまたまのミスが重大な事故につながったということですか」
被告「はい」
検察官「遺族は謝罪を受けることすら嫌だった。なぜこの場で謝罪したんですか」
被告「一言でも、自分がいけなかったことを謝りたいと思いました」
検察官「ご遺族の気持ちを無視していることになりませんか」
被告「どうしたらいいかわからないんです」
裁判では、事故の直接の原因について争いはなく、量刑が焦点だった。

突然、我が子を事故で奪われた遺族の憤りと悲しみは強かった。亡くなった女性の母親は涙を流して「悲しみや苦しみ、悔しさは一生消えない。私たち家族の柱だった大好きな娘を返してほしい」と意見陳述した。被害男性の母親も「大切な大切な息子を失い、いまでも毎日つらい日々を送っています。被告の供述は許せません」と声を震わせ、実刑を求めた。法廷で、遺族の声と、被告の嗚咽が交錯した。

公判は1日で、審理を終えた。検察側は論告で「最も慎重な判断を求められるブレーキ操作を著しく誤った過失は相当重大」として、禁錮4年を求刑。一方の弁護側は、亡くなった男性の遺族と示談が成立し、女性の遺族とも示談の見込みがあることなどを挙げ、執行猶予付きの判決を求めた。

18年5月30日の判決公判。

裁判官はまず、「歩行者2人を死亡させており、結果が極めて重い。被害者らの母親らが、強い処罰感情を示しているのも理解できる」と述べた。「被告は本件を深く悔いており、被害者らはもとより遺族への謝罪の気持ちも心からのものとうかがえる」という事情を考慮しても、実刑が相当だと判断。「被告の年齢を考慮すると、長期間の服役に心身が耐えきれるかという懸念はぬぐえない」と述べながらも、禁錮2年を言い渡した。被告は背中を丸め、うつむいたまま静かに聞いた。

判決後、亡くなった男性の母親は取材に応じた。「区切りがついて少し気持ちが落ち着いた。本当に苦しい1年半だった」と話す一方、「厳罰を求めていた。被告からの直接の謝罪はいまも受け入れられない」と複雑な胸中を明かした。

（金山隆之介）

＊追記　被告は控訴、上告したが、最高裁で確定した。

高3少年、震える彼女に手をかけた

2018.9.25

「私、もう死んじゃいたい。お願い、死なせて」

交際相手の少女からこう頼まれ、少年は彼女の首に回した右腕に力を入れた。1年近く付き合った高校3年生のカップルの間に何があったのか――。

２０１７年5月4日、東京都台東区のマンションの一室で火災があり、この部屋に住む高校3年の女子生徒（当時17）が遺体で発見された。女子生徒から頼まれて殺害したうえ、部屋に火をつけたとして、嘱託殺人や現住建造物等放火などの罪で起訴されたのは、交際していた同級生の少年（当時18）だった。

18年8月29日、東京地裁で裁判員裁判の初公判が開かれた。少年は紺色のポロシャツに灰色のズボン姿。丸刈りが少し伸びたような短髪。身長182センチのがっしりとした体格から、事件当時、バスケットボール部の部長で、剣道部も掛け持ちしていたという一端を垣間見た。ただ、被告が未成年であることを踏まえ、傍聴席と被告人席の間には仕切りが置かれたため、傍聴人から見えるのは証言台に立ったときの後ろ姿だけで、表情をうかがうことはできなかった。

起訴状によると、少年は女子生徒に殺害を頼まれ、首を腕で絞めて殺害。翌朝、ライターで女子生徒にかかっていた布団に火をつけ、遺体や部屋の一部を焼いた。

検察官が読み上げた起訴内容について、少年は「間違いありません」と認めた。

検察側の冒頭陳述や、被告人質問などをもとに、2人の関係や事件の経緯をたどる。

少年が女子生徒と出会ったのは高校の剣道部。悩み相談を受けたのをきっかけに親しくなり、高校2年の夏に付き合い始めた。

平日はほぼ毎日会った。部活の後、彼女の門限まで一緒に過ごし、自宅マンションの下まで送った。電話も毎晩のようにした。彼女の家族とも、時々一緒に食事をした。

そんななか、事件は起きた。

大型連休中だった17年5月3日、2人は昼前に東京・錦糸町で待ち合わせてデートをした。映画を見て、ネットカフェで2時間ほど過ごした後、少年は、彼女を自宅まで送った。しかし、彼女の様子がいつもと違うことが気になっていた。「笑い方がぎこちなく、会話がかみ合わなかった」と少年は振り返った。

少年は夜になって、再び彼女の自宅に向かった。彼女の家族が泊まりがけで家を空けていたことは知っていて、驚かせようとベランダによじ登って部屋に入った。びっくりしてくれたが、「なんで来たの？」と冷たくあしらわれたという。

彼女は母親の部屋に移り、横になった。少年も隣に寝そべると、彼女は少年の手を握り、泣きながら震えだした。

少年が被告人質問で説明した、それからの2人のやりとりはこうだ。

彼女「私、妊娠しちゃったみたい」

少年「そうか。そうか。ごめん。お母さんたちが帰ってきたら、謝ろう」

彼女「言えないよ。全部私が悪い。（少年が彼女の家族に）怒られるのを見るの、耐えられない」

少年「怒られるのはしょうがない。謝りに行こう。中絶しよう」
彼女「もう耐えられない。私もう、死んじゃいたい」
少年によると、彼女が台所に移動し、戸棚から包丁を取り出したので、少年はすぐさま取り上げた。警察に連絡しようと携帯を手にとると、今度は彼女に奪われた。
彼女「やめて、絶対にやめて」
彼女は泣きながら少年の足元に崩れ落ち、収納箱からバンダナをとり、少年に差し出したという。
彼女「これで手を縛って。暴れられたら困るでしょ。お願い、死なせて」
少年「できないよ」
彼女はバンダナを差し出したままだった。その手が小刻みに震えていた。
少年はこのときに「彼女の気持ちが強いのがわかって、逆らえない」と思ったという。
バンダナで彼女の両手を縛り、もう一枚のバンダナで目隠しをした。少年は部屋の壁に、彼女は少年にもたれかかるように座った。
彼女「あなたはここにいなかったことにして。火事にしてもいいんじゃない」

少年「俺、自首するよ」

彼女「ダメだよ、絶対にダメ。何も知らないって言ってね」

そんな会話が続いた後、彼女は少年の右腕を自分の首にあてがい、持ち上げた。少年によると「気づいたときには、力が入っていた」。しばらくすると、彼女は動かなくなった。

ぼうぜんとして、彼女の名前を呼んだが、返事はなかった。近くにいるのが怖くなり、布巾で自分の指紋を拭《ふ》いたり、空き巣に見せかけるために母親の部屋を荒らしたりした。少年はライターを手に、部屋に火をつけようとしたが手が震えてできず、家を出た。

自宅で一晩過ごした少年は翌朝、再び彼女の家に向かった。インターホンに応答はなく、前日と同じようにベランダから入った。掛け布団からはみ出した彼女の足が見えた。「殺してしまった自分が生きていることが怖くなり、許せなくなった」という少年は、落ちていたタオルをドアノブにかけて首をつろうとしたがうまくいかず、ライターで彼女にかかっていた布団に2カ所、火をつけた。視界がなくなるほどに煙が立ちこめ、思わずベランダから逃げ出した。そして、警察に通報したという。

裁判で事実関係に争いはなく、争点は「少年をどのような処遇にすべきか」ということに絞られた。検察側は刑務所で受刑する懲役刑を科すべきだと主張し、弁護側は、少年院で更生を図る保護処分が相当だと訴えた。被告人質問では、「なぜ、殺害以外の手段を選ばなかったのか」という点に質問が集中した。

検察官「妊娠を告げられ、病院に行こうと提案しなかったのか」

少年「していません」

検察官「本当に妊娠しているかどうやって確認したのか」

少年「確認するまでもないことだと思いました」

検察官「被害者が死にたいということを、あなたは納得したのか」

少年「100%理解する前に、流されてしまいました」

裁判員「死にたいと言われたのは、この日だけ。（少年は）高校卒業後の進路の希望も固まっていたのに、なぜ殺してしまったのか」

少年「将来とか、不利益になるとまでは考えられなかった。初めて言われたからこそ、というのが大きいかもしれません」

裁判員「彼女と距離をとりたいという気持ちがもともとあったのでは」

少年「その日まで妊娠のことは告げられていなかったし、ちょっとしたケンカはあったものの、別れたいというのはありませんでした」

裁判官「事件の日、彼女が落ち着くのを待とうとは思わなかった？」

少年「話のテンポがすごく速く進んでしまいました」

裁判長「５月３日は、どのようにしたらよかったと思いますか」

少年「自分は彼女の言うことに受け身で、止めようという強い気持ちを前面に出せなかった。もっと命の重さを自覚していたらと思います」

弁護側は「高校生が突然、殺してほしいと頼まれるという経験のない出来事に直面した。その重みに耐えられなかったからこそ、起きた事件だ」と主張した。

被害者の両親も証言台に立った。

父親「娘は家族を照らす存在でした。被告と初めて会ったとき、『僕が彼女を守ります』と言っていた。毎日のように送ってくれて、娘はいい人に出会ったな、もしかすると家族になるのかなと思っていた。裏切られた気持ちでいっぱいです」

母親「将来を見据えて、志望校も決めていた。小さい子の面倒を見る優しい子でした。一晩中、1人にさせたのはあの日が初めて。（外出に）連れて行けば、殺されることはなかった。悔やんでも悔やみきれません」

検察側は論告で「他の手段をとることも、断ることも、説得することもできたはずだ」として、懲役5年以上10年以下の不定期刑を求刑した。

一方、弁護側は最終弁論で、小学1年から父親不在で過ごした少年の生い立ちや、自分を責めやすい性格が事件に影響したと主張。「彼女に死にたいと迫られて混乱し、被害者の言葉のままに首を絞めた」と述べ、保護処分を求めた。


18年9月7日、判決が言い渡された。裁判長は「主文。被告人を懲役4年以上7年以下に処する」と述べ、懲役の不定期刑を選択した。

理由のなかで、裁判長は「殺害を回避する手段や機会はいくつもあり、嘱託を受けて殺害しなければならないほどの切迫した状況にはなかった。あまりに安易と言わざるを得ない」と説明。「被告人は養育環境を背景に、自責の念を抱きやすい資質があり、犯行時に影響した側面は否定できない」と弁護側の主張に一定の理解を示しつつ、「他の手段を選択することは十分可能で、殺害を実行したのは短絡的。犯行の経緯や動機が悪質で、刑事処分以外を許容する特段の事情はない」と、保護処分は相当でないとした。

判決が特に重く見たのは、殺人よりも放火だった。殺人が突発的だったにしても、再び現場に戻って行った放火は計画性がある、と判断したためだ。裁判長は「嘱託殺人の責任から逃れたいという心情から、周囲への危険をかえりみずに重大犯罪を重ねた」と指摘。「少年としての未熟さや社会経験の不足が影響している面も見られるが、とりわけ放火に至った経緯や動機については非難の程度は大きい」と述べた。

少年は被告人席に腰掛け、背筋を伸ばしたまま判決理由の朗読を聞いた。

弁護側は判決を不服として控訴、上告したが、最高裁で確定した。

（北沢拓也）

2019.3.4

娘は母の亡骸を隠し続けた

２０１８年11月、横浜市金沢区内の民家で、女性の遺体が見つかった。亡くなってから約10カ月間、遺体を放置していたとして死体遺棄の罪で起訴されたのは、女性を介護していた娘（50）。同居する父や兄にも、母の死を隠していた。なぜ、誰にも打ち明けられなかったのか――。

19年2月1日、横浜地裁で開かれた初公判。法廷の入り口で、一瞬傍聴席に目を泳がせた娘は、すぐにうつむいて入廷した。顔は青白く、ほおが少しこけていた。結《ゆ》った黒髪に交じる白いものが、くたびれた黒いトレーナーの上に目立った。着席するとうつむいたまま手をひざの上で重ね、視線を足元に落とした。

起訴状などによると、娘は母が18年1月下旬に死亡したのを知りながら、11月末まで放置したとされる。被告人質問では、母と娘の関係が焦点となった。弁護人の問いに対し、娘は絞り出すように、ぽつりぽつりと答え続けた。

弁護人「生前のお母さんとあなたの関係はどのようなものでしたか」

娘「何でも話し合える仲でした」

弁護人「どういう話をしましたか」

娘「テレビが好きだったので、ドラマを見たり、歌番組を見たり、一緒に歌ったり、その話をしたりしました」

弁護人「ほかに思い出はありますか」

娘「毎日一緒に買い物したり、鎌倉に出かけたり、散歩したりしました」

弁護人「子どものころの思い出はありますか」

娘「近所のデパートで、ぬいぐるみを買ってもらいました。その後、そのデパートのレストランで食事をしました」

娘は高校を卒業して洋菓子店に就職した後、職を転々としながらも仕事を続けていた。

しかし、15年ごろに母が寝たきりになると、生活が一変した。

弁護人「3年前にお母さんが寝たきりになって、どうやって介護しようと思いましたか」

娘「恩返しのために、一生懸命に介護しようと思いました」

弁護人「介護のために、仕事を辞めましたね」

娘「はい」

弁護人「ほかに選択肢はなかったんですか」

娘「父は高齢で、兄は精神的に。私が介護するしかありませんでした」

弁護人「あなただけで介護していたんですか」

娘「はい」

父は高齢で糖尿病を患い、ほとんど2階の自室で暮らしていたという。兄は双極性障害を抱え、母を介護できるのは娘だけだった。1階の和室に母を寝かせ、1人で介護を続けた。介護を続けた約3年間、父と兄が母のいる部屋に立ち入ることはなかった。

支えるうちに、母は娘にとって「自分の分身」と表現するほど、かけがえのない存在になっていった。夢を見た様子で「死ぬのかな」とつぶやく母に、「死なないよ」と励まし続けたという。その翌日、母が息をひきとった。

弁護人「お父さんとお兄さんに報告はしなかったんですか」

娘「そのときは頭が真っ白で、何も考えられず、すぐに言おうとすることはできませんでした」

弁護人「時間が経って、（母の死を）認められるようになりましたか」

娘「どんどん日が経ってしまって。亡くなったのはわかっているけど、どうしても認めることができなくて。時が止まってしまった感じで、認めることができませんでした」

弁護人「お父さんやお兄さんに意見を聞いたり、話したりできなかったんですか」

娘「いろいろ考えられなくなって、言わなきゃと思ったけど、言えずにそのまま日だけ経ってしまいました」

弁護人「どういう心情で言えなかったんですか」

娘「私が勝手に頼りにならないというか、頼り切れないと思うところがあって、言えませんでした」

弁護人「何カ月経ってもですか」

娘「一緒です」

18年11月27日、区役所の職員が高齢者の健康状態を確認するために自宅を訪問した。しかし、娘は「(母は)寝ているから」と言って、家に入れることを拒否した。翌日も「本人が寝ているから」「いまはダメです」と言い、母の死を隠し続けた。

弁護人「そのほかに、お母さんの死を公にしたくない理由はあったんですか」

娘「それを言うことで、母の死を認めることになるから。現実を受け入れきれず、どうしても言えませんでした」

弁護人「お父さんやお兄さんから、お母さんの様子を聞かれることはなかったんですか」

娘「ありました」

弁護人「それには何と答えましたか」

娘「『大丈夫だよ』と言いました」

弁護人「なぜ言えなかったんですか」
娘「日が経つにつれ、どんどん言いづらくなりました。怖いなという気持ちもあって、どうしても言えない自分がいました」
弁護人「『大丈夫』と言えば、何も聞かれなかったんですか」
娘「それ以上は聞かれませんでした」
母の死を隠し続ける間、ほとんど眠ることができず、食事も最低限のものしかのどを通らなかった。
娘が逮捕された後、父と兄と面会したのは一度だけ。父は、精神科の診療を受けることを娘に提案したという。娘は「父の提案に従いたい」「自分はうつなのではないかと思う」と話した。
娘の度重なる訪問拒否を受けて、区役所は警察に相談をした。駆けつけた警察官が自宅内に入り、腐敗の進んだ遺体を発見。娘も警察に逮捕された。
母の死を受け入れ始めたのは、その後だった。
弁護人「お母さんの遺体が発見され、何か変化はありましたか」

娘「日が経つにつれ、母がかわいそうだという気持ちになって。ちゃんと葬儀をして、弔ってあげないといけないと思うようになりました。もう月日は経ってしまったけど」

弁護人「お母さんに対して、何か思うことはありますか」

娘「本当に申し訳ないという気持ちがいちばん大きい。ちゃんと救急車を呼べばよかった」

淡々と答えていた娘の声が震えた。足元に目を落とすと、両手の拳を強く握りしめた。続いて、検察官が質問に立った。ときおり語気を強めながら、介護を任されていた娘の無責任さを問いただした。

検察官「お母さんが腐っていくのを見て、かわいそうとは思ったんですか」

娘「はい」

検察官「それでも一緒がよかったんですか」

娘「そうです」

検察官「実の娘なんですよね。仲もよかったんですよね。大切に思っていたんですよね」

娘「はい」
検察官「常識としてですよ、火葬して、弔ってあげるのが当然ではないですか」
娘「そうだと思います」
検察官「お母さんも成仏できないのではないですか」
娘「できないと思います」
検察官「そのことは、いまはわかっているんですね」
娘「はい」

約40分の被告人質問を終えて席に戻った娘は、質問前と同じように、背筋を伸ばしてひざの上で手を重ねた。しかし、うつむきがちに足元を見つめる目は真っ赤になっていた。

19年2月15日、判決が言い渡された。娘は同じようにうつむいて入廷したが、質問時より落ち着きを取り戻しているようだった。

裁判長は「遺体発見時には、死因が不明なほど腐敗していたうえ、発覚を免れるための行動を重ねていた」などとして、「これらの点に着目すれば、犯情は芳《かんば》しくない」と述べた。

その一方、娘については「単独で介護してきた寝たきりの母親の突然死を受け止めきれず、そばから離れたくないという思いなどもあって、葬儀などを行わないまま時が過ぎ、結果的に長期に及んだ側面もある」と指摘。遺体を積極的に隠すなどの行為もしておらず、「死体遺棄の類型の中では軽い部類」と位置づけた。

これらの事情や、娘が反省していることも踏まえ、宣告したのは懲役1年執行猶予2年の判決だった。

娘は証言台にじっと立ち、黙って判決の言い渡しを聞いていた。刑について説明を受けた娘は「はい」とだけ答え、閉廷後は裁判長と弁護人に一礼し、法廷を去った。

(田添聖史)

＊追記　検察、被告側とも控訴せず、判決が確定した。

「明智光秀になり損ねた」

2019.4.15

「コード・ブルー」

病院の診察室で、患者の男によって首を包丁で突き刺された40代の男性医師は、傷口を手で押さえながら看護師にこう告げた。自ら止血処置し、奇跡的に一命をとりとめたが、いまも心的外傷後ストレス障害（ＰＴＳＤ）に苦しみ、患者と向き合えない日々が続く。同僚からの信頼も厚かった外科医は、なぜ襲われたのか——。

２０１９年2月25日、名古屋地裁の法廷に丸刈りの被告（69）が姿を現した。上下緑色の出廷着にマスクを着用し、起訴状の朗読が終わると、「はい（間違いありません）」と答えた。

起訴状によると、事件が起きたのは名古屋市中川区の病院。被告は18年1月25日午後2時過ぎ、病院の外科診察室で男性医師の首を包丁（刃体の長さ約15センチ）で突き刺し、殺害しようとしたとされる。主治医として、被告の大腸がんの手術を担当した医師は、全治約6週間の重傷を負った。

この日は、被害者の医師の証人尋問が行われる予定だったが、急きょ取り消された。検察官は「PTSDを発症し、事件のことを思い起こすと手が震え、何も考えられないため」と説明し、代わりに供述調書の読み上げを始めた。

その内容から、事件の経緯をたどる。

医師は06年からこの病院に勤め、専門は消化管外科だった。13年から被告の主治医になり、同年10月に大腸がんの手術を執刀した。

事件当日は、経過観察のための診断だった。午後2時、血液検査などを終え、予約番号を呼ばれた被告は手にしたリュックに右手を入れたまま、診察室のカーテンを開けた。

腰掛けていた医師は、リュックを手にした被告から目を離し、血液検査などの結果が印字された紙を置いた瞬間、首に衝撃を感じた。殴られたと思ったが、痛みは感じなかった。液体が垂れる感触があり、首筋に当てた右手を見ると、べっとりと血がついていた。

横目で確かめると、医師から2メートルほど離れたところに、包丁を持った被告が立っていた。そこで初めて、「刺された」とわかった。椅子から転げ落ちた医師は、手で首の傷口を押さえて止血しながら、はうようにして診察室の奥へ逃げ、近くの看護師に「コード・ブルー」と告げた。患者の命に関わる事態が発生したときに、医師らを集めて医療態勢を作る緊急号令だ。

刺し傷は首を左から右に貫通し、頸椎《けいつい》の一部が骨折。傷口を押さえていないと血が噴き出すような状態だった。押さえていても、血は止まらず、床には血だまりが広がった。緊急号令を受け、院内の医師や看護師が集まるなか、医師の記憶では、診察室の出入り口に立つ被告はにやついていた。

医師は同僚らの治療で一命をとりとめた。被告のもう1人の主治医だった医師は証人尋問で、刺された医師について「大腸がんの手術に精通し、その技術は卓越している」と評した。だが、医師は傷が癒えた後も、患者と向き合う外来診察の場に戻れていない。

医師なのに患者と向き合えない。その心境も「意見陳述」として法廷で読み上げられた。

「(医師は) じかに患者に接して対話のなかで診断し、患者にとってつらいことを伝えないといけない。患者が恨みを抱いて、もしそう (事件のように) なったらどうしようと思わずにはいられない。もしかしたら無意識のうちに、患者が受け入れやすい判断、不正確な判断をしてしまわないかと思い、患者と接する仕事はやめている」

いまは、ほかの医師が執刀する手術の助手しかできず、「苦しみを抱えながらなんとか仕事をしている」。包丁がある台所に立つのが怖くなるなど、日常生活にも影響が出ているという。

なぜ被告は、自らの主治医を襲ったのか。

中華料理人だった被告は体を悪くし、事件当時は無職で生活保護を受けていた。13年に足の血管が詰まる疾患の治療を別の医師から受けた後、被害者らの執刀で大腸がんの切除手術を受けた。手術は成功し、翌年2月に退院した。

退院後も定期的に通院していたが、約2年が経ったころ、不眠などの体調不良を訴えるようになった。「心療内科で診てもらったほうがいい」。医師が何度も勧めたが、被告は聞き入れず、こんな妄想を抱くようになった。

「多臓器不全で早晩死ぬ。医師が必要な検査を行わず、不必要な治療をしたことが原因だ。このままでは不正が見過ごされる。このままでは死ねない」

被告は法廷でも、こうした妄想を語った。だが、実際には被告の体は「早晩死ぬ」ような状態では決してなかった。医師は必要な治療を適切に行い、不正などもなかった。

被告は17年に入ると、医師の殺害を遂げるために動き始めた。包丁を購入して砥石《といし》で研ぎ、刺すときに滑らないように柄《え》にはテープを巻いた。包丁を持って2、3回病院に出向いたが、実行に移せず中断。「正月は自宅でゆっくりしたい」と考え、年明けの診察日に決行することを決めた。

弁護人は、被告には妄想性障害と前頭葉の機能低下があり、事件当時は責任能力が限定される心神耗弱状態だったと主張した。被告人質問では、こんなやりとりがあった。

弁護人「どうして殺そうとしたのか」

被告「お金ではかなわんなってなったから、やり返した。明智光秀になりたかったのに、なり損ねた」
被告は、本能寺の変で主君・織田信長を討った戦国武将・明智光秀を自分になぞらえた。
弁護人「明智光秀になり損ねたとは」
被告「要は殺しに行って、とれたら（殺せたら）よかった」
弁護人「なり損ねたというのは」
被告「とれんかったからなり損ねた。とれたら光秀だった。思いが強すぎてからぶった」
検察官「とれるかどうかで言えば、病院内ではどうなりやすいのか」
被告「（医師らがいるから）助かりやすい」
検察官「助かりやすいからどうするのか」
被告「首しか思わなかった」
検察官「いまでも殺したい気持ちはあるのか」
被告「ありますよ」
何がおかしいのか、被告はときおり、笑って質問に答えていた。

精神鑑定をした精神科医は証人尋問で、被告の妄想性障害が動機の形成に影響を与えた、と証言。「妄想自体、前頭葉の機能低下が影響して起こっている可能性がある」と述べた。一方で「直接の犯行動機は恨みを晴らしたいという正常心理によるもの。妄想性障害が被告の性格に質的な変化を起こしたものではない」とした。

検察側は論告で、「医療現場における凶悪で許せない極めて重大な犯行。逆恨みで命を狙われるようでは医療行為はできない」として懲役10年を求刑。弁護側は最終弁論で、「心神耗弱により減刑し、執行猶予を付すのが相当だ」と訴えた。

19年3月6日の判決は、妄想性障害が犯行に影響を与えたとした一方、犯行前後の行動などから完全責任能力があったと認定。裁判長は「診察室で突然襲われた被害者は、現在もPTSD症状に苦しむなど精神的被害も甚大。被告に反省の態度は見受けられず、被害者に対する再加害に及ぶおそれも否定できない」と述べ、懲役9年の判決を言い渡した。

弁護側の席で黙って判決を聞いた被告は控訴せず、判決は確定した。

（仲程雄平）

少年が畏怖を殺意に変えた日

2019.5.2

2018年1月、横浜市の自宅で男性（当時44）が、胸を複数回刺されて死亡する事件が起きた。殺人罪に問われたのは、息子の少年（19）。19年2月6日、横浜地裁であった初公判で少年は「一度目に刺したときは殺意はなかったが、二度目以降は殺意があった」と述べた。真意は何だったのか――。

起訴状などによると、少年は18年1月20日、母親に説教を始めた父親に対し、「やめろよ」と止めに入ったものの口論が続いたため、右胸を包丁で刺したうえ、首の後ろなどを複数回刺し、殺害したとされる。

弁護側の冒頭陳述で、少年の家庭環境が明らかになった。

事件当時、少年は父親と妹、弟と4人で暮らしており、母親は別居していた。理由は、父親から髪をつかまれる、平手でたたかれるなどの家庭内暴力（ＤＶ）だった。父親の暴力は、子どもたちにも襲いかかった。

少年は物心ついたころから、サッカーボールのように腹を蹴られ、髪を引っ張られるなどの暴力を受けた。母親を殴ったり、罵倒したりするＤＶは子どもたちの目の前でも行われた。母親はうつ病を患い、児童相談所に行くことすらできなかった。少年は中学2年生になったころから暴力を受けなくなったが、暴言や母親へのＤＶは続いた。そんななか、母親は父親から家を追い出され、週末だけ家事を手伝いに来ていたという。

証人として出廷した母親は、ＤＶについて語った。

弁護人「どんな暴力を受けましたか」

母親「平手打ち、グーで殴る、蹴り飛ばされる……。まれにコップや食器を投げられました」

弁護人「どんな暴言を受けましたか」

母親「『死ね』『殺すよ』『自殺してくれ』。死に関わるようなことを常に言ってきました。『自殺とばれると保険金が下りないから、ばれないようにしろ』とか『電車だと賠償金がかかるから、交差点などでうまくひかれて死んでくれ』とか言われました」

弁護人「役所にも警察にも相談しませんでしたね」

母親「相談したことがどこから漏れるかわからないし、ますます暴力がひどくなるかもしれないと思って……」

弁護人「離婚は考えなかったのですか」

母親「その話をすると、『生きていられないくらい追い詰めてやる』と言われていました」

母親は一方的に父親から責め立てられていた。説教は数時間、長いときは半日続くこともあったという。

法廷で少年は、傍聴席から顔が見られないように、遮蔽物《しゃへい》の奥に座っていた。しかし、被告人質問でははっきりとした口調で、虐待について詳細に語った。

弁護人「いつから虐待を受けていましたか」

少年「覚えているのは、幼稚園ぐらいから」

弁護人「どんな暴力を受けましたか」
少年「妹が夜泣きして、八つ当たりでサッカーボールみたいに蹴られました」
弁護人「暴力以外はありましたか」
少年「おもちゃを捨てられたり、怒鳴られたりしました」
弁護人「お母さんへの暴力や暴言は、あなたの前でもありましたか」
少年「はい」
弁護人「自分の家がおかしいと思ったことはありませんでしたか」
少年「暴力は説教の一つと思っていて、当たり前だと思っていました」
少年は父方の親族に相談したこともあったが、信じてもらえなかった。学校の教師にも相談したが、支援は得られなかったという。
弁護側によると、事件当日はそれまでと状況が異なった。父親が夕食に対して文句を言い、食材をごみ箱に捨てた。母親の堪忍袋の緒が切れた。
「いい加減にしてよ。私が悪いんだよ、全部」。母親が叫んだ。すると、父親が「おまえいい加減にしろよ。そんなこと言ってねえだろうがよ」と反論し、母親に詰め寄った。

母親は「ぼこぼこにされると思った」と証言した。

少年は、パニックになった。「止めなきゃ」

両親の間に入り、「やめろよ、2人とも」となだめたが、父親は聞こうとしなかった。

「止めなきゃ、お母さんが殴られる」。とっさに、台所から包丁を持ち出し、父親に向かっていった。包丁は右胸に突き刺さった。

「救急車呼んで！」

少年が叫んだ。だが、直後に、ある考えが頭をよぎった。

「もしおやじが助かったら、刺し返される」。父親からの仕返しにおびえ、殺害することを決意。首など複数箇所を刺したという。

弁護人が、最初に刺したときと、2回目以降の違いについてさらに追及する。

弁護人「二つの場面は意味合いが違いましたか」

少年「1回目は（口論を）止めたいと思って、2回目はやり返されたらどうしようと思って」

弁護人「2回目は父を死なせることを考えましたか」

少年「そうです」

公判では事実の争いが少なく、主な争点は少年が受けていた暴力などを、「虐待」と評価するかどうかだった。検察側は論告で、家庭内の暴力があったことは認めたものの、子どもがけがを負ったことはなかったなどとして、「虐待と言えるかは、はなはだ疑問」と指摘。「うまくいかない家族に不満があった。その不満や怒りをぶつけた」と述べ、懲役5年以上10年以下の不定期刑を求刑した。

一方の弁護側は、「虐待やDVという家族の病理が引き起こした事件だ」と主張。少年院での更生が妥当だとした。

19年2月20日に言い渡された判決は、「父親の暴力はしつけだと（少年が）受容していた部分もあるうえ、少なくとも本件の5年前ごろ以降は父から直接的な暴力を受けたことがなかった」として、「苛烈《かれつ》な虐待とまでは認められない」と判断。一方で、「父に対する畏怖《いふ》の念を持ち続け、家族の問題解決の有効な手段を見つけられず無力感を覚えていた」などとして行き詰まった結果犯行に及んだことを認めた。ただし、「父の殺害を選択したことはあまりに短絡的で、犯行を正当化しうるものではない」と結論づけ、懲役4年以上7年以下の不定期刑を言い渡した。弁護側は6日後、この判決を不服として控訴した。

（飯塚直人）

息子よ、いつまで続くこんな日々

2019.9.14

長男には、重度の知的障害があった。父親はうつ病を抱えながら、25年間ともに暮らし面倒を見続けていた。一線を越える出来事はある日、突然やってきた――。

被告となった父親（52）は、名古屋市北区で専業主婦の妻と無職の長男、派遣社員の長女と4人で暮らしていた。２０１８年1月23日午前7時半ごろ、「（自宅で）息子を殺した」と自ら１１０番通報し、殺人未遂容疑で現行犯逮捕された。

19年9月4～13日に名古屋地裁で開かれた裁判員裁判。被告はTシャツにジャージー姿で法廷に姿を見せた。被告人質問で、事件の経緯を淡々とした口調で答えた。

弁護人「長男の成長が遅いと感じたきっかけは」

被告「言葉が遅いかなと思いました。市の健康診断でも、『成長が遅いですね』と言われました」
弁護人「自閉症だと言われたときは」
被告「自閉症というものがわからず、これからどうなるんだろうと疑問だらけでした」
保育園に入った長男は、園内で1人でぽつんと座っていた。小学校では同級生の行動に合わせるため、先生が付き添わなければならなかった。
検察官「長男が1人だけ違う行動をとったとき、どう思いましたか」
被告「みんなと同じことができないことが恥ずかしい、という気持ちがありました」
検察官「腹立たしさもあったのでは」
被告「悲しいという気持ちのほうが大きかったです」
妻と協力しながら面倒を見てきた。小学生のころは、トイレや風呂の世話をし、休日には動物園や公園に連れ出した。大人になっても、ひげそりや洗髪を手助けしてきた。
特別支援学校の中学部に進むと、他人をたたくなど暴力行為が出始めた。障害者支援施設に入ってからもほかの利用者に暴力を振るい、5年ほどで退所した。
一日中、家で過ごすようになり、強めの精神安定剤を服用すると落ち着いた。
だが、事件の3日前のこと。長男が、カバンを体に押しつけてきた。気持ちが読み取れなかった。
被告「カバンを戻すように言いました」
弁護人「長男は、どうしましたか」
被告「まるで聞こえなかったかのように、繰り返し押しつけてきました。こんなことがいつまで続くんだろう。どう対処すればいいんだろうと思いました」
被告は、長男のほおを平手でたたいた。だが、やめなかった。今度はげんこつで顔面を殴った。鼻血が出た。自分に嫌気がさし、「ぞっとした」。事件前日には、妻にウォーターサーバーの水が入った箱を押しつけてきた。被告は、帰路でそのことを知らされた。
被告「長男が何を伝えたいのか、まったくわからず、悲しいやら腹立たしいやらで、途方に暮れました」
検察官「そのとき、長男に対しどんな気持ちだった」

被告「理解できないと」
検察官「気持ち悪いと思った？」
被告「はい」
検察官「帰る途中、殺すことを考えた？」
被告「家に帰るまでに自分のなかで考えが煮詰まって、そういう思いになりました」
18年1月23日、午前5時半ごろ起床した被告は玄関先でたばこを吸った後、2本の包丁を手にして長男の部屋へ。就寝中の長男ののど元に1本を突き立てた。目的を遂げられず、ロープを持ち出して首にかけた。3回、首を絞めた。そのロープは被告自身が自ら命を絶とうと、2年ほど前に購入したものだった。
被告は10年以上前に勤めていた印刷会社の人間関係に悩み、うつ病を発症。体調が悪いときは仕事を続けることができず、派遣社員になってからは派遣先を転々とした。
裁判では、犯行にうつ病が影響したかどうかが争われた。裁判長は判決で「殺害への決意にはうつ病が影響しており、殺害の実行についても、病の影響がなかったとするには疑いが残る」と述べた。判決文が読み上げられるなか、被告は椅子に座ったまま身じろぎもしなかった。

（大野晴香）

＊追記　裁判長は19年9月13日に開かれた判決公判で「被告はうつ病の影響で心神耗弱状態だった」とし、懲役3年6カ月（求刑懲役8年）を言い渡した。判決は事件当時、被告が比較的重い状態のうつ病だったと認定。「判断能力や、行動制御能力が減退していた疑いを否定できない」と判断した。そのうえで、裁判長は「犯行のきっかけは、被害者（長男）の行動にこれ以上思い煩わされたくないという自己中心的な思いだった」と指摘した。

お礼回りした妻、愛は裏目に

2019.9.16

２本で６０００円超の高級ようかんと10万円入り封筒を手に、「夫の当選のお礼に」と地元有力者らを回ったベテラン県議の妻が選挙違反に問われた。違反をかえりみず行脚した胸中には何があったのか――。

２０１９年4月の群馬県議選の直後、選挙運動で中心的な役割を担った人たちにようかんを渡し、現金も渡そうとしたとして、同県東吾妻《ひがしあがつま》町の被告（68）が公職選挙法違反（事後買収）の罪に問われた。被告の夫（72）は地元で長く県議を務めていた。

被告は上品さを感じさせる上下グレーのスーツに身を包み、8月20日に前橋地裁で開かれた初公判に出廷した。起訴内容を認め、繰り返し陳謝した。

「後悔ばかりです。申し訳ありませんでした」

被告の夫は旧吾妻町議を経て、吾妻郡選挙区の県議を6期24年務めた地元の重鎮。自民党の県連幹事長や県議会議長などの要職を歴任し、地元群馬5区選出の小渕優子衆院議員を支える存在だった。

吾妻郡選挙区の定数は2。07年以来、東吾妻町など郡東部を地盤とする夫と、草津町を中心に郡西部に強いもう一人の現職(65)とで議席を分け合い、前回は無投票だった。ところが今回、有権者の多い中之条町で町長を2期務めた新顔(56)が無所属で立候補したため、厳しい戦いが予想されていた。

7選出馬に被告は当初、反対した。夫は病を抱えており、1回4時間の人工透析を受けるために前橋市内の病院に週3回通っていた。「(立候補は)絶対ダメ。出たらお父さん死んじゃう」と立候補をやめるように迫った。

弁護人「どうして立候補を受け入れたのですか」

被告「夫が選挙に出たいという思いが強かった。最後の選挙と思うと、なんとか当選させて最後の議員人生を送れるように一生懸命応援しようと」

立候補が決まると、被告は夫に付き添って出陣式や決起集会に出席。病を抱えた夫に代わって選挙カーに乗り、支持を訴えたこともあった。

証人として出廷した長男は「（過去の選挙と比べても）熱心だった。毎日、朝から夜まで運動してくれた」と献身ぶりを証言。前々回から7000票以上減らしたものの、新顔に続く2位で当選した。

捜査段階での夫の供述によれば、後援会組織が高齢化し、選挙では他の候補におくれをとっていたという。それだけに厳しい選挙を支えた被告は、夫が透析治療で地元を空けている間に応援演説をしてくれた有力者たちへの感謝の気持ちが抑えきれなかったようだ。動機について法廷でこう語った。

「どうしてもお礼がしたかった」

開票から一夜明けた4月8日、被告は県内の百貨店で、竹皮に包まれた高級ようかん2本の詰め合わせを買い求めた。一箱6264円。さらにタンス預金から現金を用意し、10万円ずつ封筒に分けた。

翌日以降、応援演説をしてくれるなど陣営で中心的な役割を果たした9人にお礼のあいさつ回りに出かけた。そのほとんどが現職の町村長や町村議長、またはその経験者だった。ようかんは9人のうち7人が受け取ったが、現金は渡そうとした8人全員からその場で受け取りを拒否されるか、後から返還された。

自宅に現金を返しに来た人がいたことで、夫にもばれた。検察の冒頭陳述などによると、夫から「何回選挙をやってるんだ」と怒られたという。

弁護人「これまで選挙のときに物やお金を持っていったことはありますか」

被告「ございません」

金品を配ったのはあくまでも今回が初めてと主張した。弁護側は、被告が児童虐待などに対処する児童委員を務めたり、非行防止に貢献して警察から表彰を受けたり、長期にわたって日本赤十字社に多額の寄付をしたりしてきたと説明。「まさに、善良な一市民でした」と強調した。

そんな被告が、なぜ今回だけ――。

被告「いま考えると、なんでそんなことをしてしまったのだろうかと……。理由はうまく言えません。申し訳ありません」

裁判官「改めてですが、立候補に反対したあなたが、なぜ選挙違反まで犯したのですか」

被告「いままでにも増して親身に応援してもらった。何かしないと済まされないような気持ちでした」

「ただただ、あいさつをしなければということに一生懸命で。違反ということが頭から抜けてしまっていたと思います。何でこんな軽はずみなことをしてしまったんだろう……」

結局、本人にも明確な説明はできなかった。ただ、検察官から今後の選挙に関わる可能性を聞かれた被告はきっぱりと言った。

「もうありません」

7選を決めた夫は、妻が捜査対象になっていることを知り、5月に県議を辞職。ようかんを受け取った7人は不起訴処分となった。

9月6日、前橋地裁は被告に懲役1年執行猶予4年（求刑懲役1年）の判決を言い渡した。

裁判長は「選挙の公正を害する危険性が高かった。被告の知識や経験を踏まえれば、犯行動機は誠に軽率で非難は免れない」と指摘する一方、多額の寄付をしていたことなどから「地域社会の発展のため、まじめに生活してきた。反省と謝罪の言葉を述べている」と執行を猶予した理由を述べた。

背筋を伸ばし、読み上げられる判決を終始うなずきながら聞いた被告は、裁判官や検察官に向かって何度も深々と頭を下げ、法廷を後にした。

（森岡航平）

＊追記　検察、被告側とも控訴せず、判決が確定した。

孤高の秀才、卒論で狂った歯車

2019.11.20

ある男性が2018年6月、福岡市で初対面の男に刺し殺された。男は男性に対し、インターネット上で一方的に恨みを募らせていた。バーチャルの世界でしか接点のなかった2人。なぜ、リアルの世界で殺人事件の加害者と被害者になってしまったのか――。

19年11月11日、福岡地裁の法廷に、男は現れた。青いネクタイを締め、濃い紺色のスーツ姿。起訴状の朗読が終わると、男は淡々とした口調で話した。「間違いありません」殺人と銃刀法違反、建造物侵入の罪で起訴された被告(43)。起訴状によると、18年6月24日、福岡市中央区の起業家支援施設で、会社員(当時41)をナイフで刺殺したとされる。被害者は「Ｈａｇｅｘ」のハンドルネームで活動する有名ブロガーだった。

事件はどのようにして起こったのか。公判などから経緯をたどる。

被告は3人きょうだいの長男で、熊本県で育った。親からは「手のかからない素直な子」、周りからは「ひょうひょうとした孤高の秀才」と見られていた。同県天草市の高校を卒業後、九州大学文学部に進学。順調な人生と思われた。

だが、歯車が狂い出す。きっかけは大学の卒業論文だった。参考文献の英文が難解で、読み込みが一向に進まない。被告は「ハードルが高かった」と振り返る。卒業できず、大学を除籍処分となった。福岡県内の製麺工場で8年間アルバイトを続け、上司に誘われ正社員になったが、上司からの評価が原因で、30代半ばで退職した。

その後3年は貯金を切り崩す生活。インターネットオークションでゲームソフトやCDを売り、生活費を工面した。売る物がなくなると、両親からの仕送りに頼り始めた。19年11月13日の公判で証人として証言した被告の父親は、被告が無職になったとわかって以降、折に触れて「生活できないなら帰ってこい」と呼びかけたが、「無視されていた」と話した。

一方被告は、ゲーム、アニメのほか、多くの時間をインターネットに費やすようになった。さらに、ネット上に書き込めるサービス「はてなブックマーク」や「はてな匿名ダイアリー」で、他人の記事にコメントを付け始めた。被告を鑑定した精神科医は「現実の会話を苦手としていた被告にとって、コメントを読んでから考えたうえで返信できるインターネット上のコミュニケーションは、楽しみやすかった」と分析している。

当初は話題のページを見ていただけだった被告。だが、そのうち他人を攻撃するようになった。12日に証人として出廷したサービスを運営する「はてな」社の社員によると、被告は15年ごろから他のユーザーを「低能」と罵倒し、「低能先生」と呼ばれるようになった。「短期間で集中的に『低能』『ばか』『死ねばいい』と罵倒する投稿を繰り返していた」と社員。多いときには1時間で100件。「常軌を逸していた」と振り返る。「規約に反する複数のアカウント（サービス利用の権利があるＩＤ）を作った」として、はてな社からアカウントを何度も凍結された。だが、そのたびに新しいものを作った。最終的にはアカウントは計500個に上った。

これに対し、被害者は「『低能先生』という悪質な荒らしがいて困っている。怖いし、気持ち悪いから放っておく」と話していた。13日の公判で、被害者の妻が18年春にそう打ち明けられたと語った。

被害者は福岡県出身。子どものころから機械に関心が高く、好奇心が旺盛だった。無線で見知らぬ人とやりとりしたり、パソコンを自分で作ったり。上京後はインターネット系の雑誌の編集者を経て、ネットセキュリティー会社の立ち上げに携わった。

ブログを始めたのは04年ごろ。日々の出来事を書き込み、面白い他人の投稿を見つけては、わかりやすくまとめて一言添えるようになった。年間で100万ページビュー（PV）を超えた。

「Hagex」の名で本を出し、NHKの番組の制作に協力するようにもなった。18年4月には「自分が好きなインターネットを、より多くの人に楽しんでほしい」と勉強会を都内で開催。6月に開く第2回の会場を福岡市に決めた。

一方、「低能先生」の書き込みが目に余ると感じるようになった。「低能先生について、はてな社に通報したらすぐに凍結した」。5月2日のブログ記事でそう書いた。自身の対応として、運営会社に通報しているという内容だった。

被告にとっては、これが「決定打みたいな感じ」になった。

ネットの書き込みで、被害者が福岡市で勉強会を開くことを知った。危害を加えたい相手のリストを作り、被害者を入れた。立てかけた毛布に凶器のナイフを使って予行演習をした。勉強会の1週間前には、同じ時間帯に現場を下見で訪れた。

18年6月24日、日曜日。被告は午後7時4分ごろ、福岡市中央区の繁華街のなかにあり、勉強会が開かれていた起業家支援施設に侵入し、待ち伏せた。午後7時59分ごろ、勉強会を終え、トイレで用を足していた被害者を無言で襲った。持っていたレンジャーナイフ（刃渡り16・5センチ）で背中、首、胸と多数回突き刺した。傷は30カ所以上だった。逃走し、着ていた服や自転車を捨てた。

「ネット弁慶卒業してきたぞ。俺を『低能先生です』の一言でゲラゲラ笑いながら通報&封殺してきたお前らへの返答だ」。そんな声明をネットに書き、近くの交番に出頭した。

被告は19年11月12日の被告人質問で、動機について語った。

弁護人「殺害しようと思った理由は」

被告「死なない限り、集団リンチをやめない人間だと思ったから」

弁護人「集団リンチとはどういうものか」
被告「複数の人間で、個人、一般人へ攻撃することです。私の場合は（サイト運営会社への）通報と（アカウントの）凍結。通報者と凍結する運営。弱いものいじめで相手を一方的にいたぶって楽しんでいる。許せません」
予定していた犯行後の行動は「はてな本店に行くつもりでした」「刃物を持っていただけで脅しになりますよね」と説明した。ただ、実際には行かずに交番に出頭した。その理由については「対等な立場で殺し合いを挑む感覚だったが、一方的にやってしまった。私が否定しているいじめをやってしまったと反省して、出頭を決めました」と振り返った。
被害者への気持ちを尋ねられると、こう語った。「間違った手段をとって殺害してしまった。めった刺しにして多くの苦痛を与えてしまった。苦痛を与えるのが嫌いなので、申し訳なく思っている」
一方、検察官による質問では、別の感情ものぞかせた。
検察官「殺したことについてどう思っている？」

被告「死んだということは、二度と集団リンチをしないという点で後悔はないです」
検察官「(被害者の)外見をどうやって特定したか」
被告「ネットで公開された画像で顔の輪郭はわかっていた。イベント中、廊下で声もわかった」
犯行後の声明の真意については「私自身、口にしたことは実行しないといけないと思っている。言葉に対しては誠実じゃないといけないと思っていて、『死ね』と言った言葉は死なせることが誠実だと思っている」と説明し、「自分の望む世界に1人分近づいたという感じです」。
15日の公判では、遺族の意見陳述として出廷した被害者の妻と妹が訴えた。「人生が壊れてしまった。事件が出口のない地獄の始まりだった」「兄が亡くなった41歳を自分が超す日がくると思うと、すごくつらくなります」
ノートにメモをとりながら聞いていた被告は、その後の最終陳述でこう述べた。「初めて遺族の方の声を聞きました。大変深く共感します。自分のやったことには責任をとるつもりです。極刑にされても控訴しないことをお約束します」

公判では、被告の責任能力の範囲が争点となった。

被告は「自閉スペクトラム症」と診断されている。コミュニケーションがうまくいかなかったり、考え方が狭くなってしまったりする発達障害の一種だ。検察側は「病気の影響は否定できないが、善悪の判断能力と行動制御能力に著しい低下はなく、完全責任能力を有していた」と主張。一方、弁護側は「心神耗弱状態にあり、責任能力は限定的だった」と反論していた。

精神鑑定をした精神科医は、13日の公判に証人として出廷し、被告や事件について、こう分析した。

「被告の攻撃的な面は現実社会の対人関係で出ることはなかった。ただ、ネットのなかでは、他者とまったく違う関わり方をするようになった。被告のなかの攻撃的な面が引き出されてしまった。もし、被告がネットのない時代に生まれていたら、本件のような犯行に至った可能性は、極めて低かったと考えられます」

検察官は15日の公判で、「ネット上の言論を殺人という究極的な方法で封殺した理不尽きわまりない犯行」と懲役20年を求刑した。

そして20日の判決。

裁判長は完全責任能力を認定し、「強固な殺意に基づく、計画性の高い犯行。動機についても身勝手で理不尽と言わざるを得ない」と指摘。懲役18年を言い渡した。

（角詠之）

「ひとりぼっちが怖かった」

2019.11.24

暑さが続いていた２０１９年７月末の夜、東京都足立区の団地の一室。息子（61）は91歳になる父の荒い息づかいで目が覚めた。「フー」「フー」と胸を上下させた後、呼吸は徐々に弱くなり、消えた。40年にわたる２人暮らしが終わった。だが、息子は誰にも死を伝えず、そのまま一緒にいることを決めた。逮捕されるまでの３週間あまり、息子は２人で暮らした部屋で何を思い、何をしていたのか――。

息子は父の遺体を24日間にわたって放置したとして、死体遺棄罪に問われた。11月５日、東京地裁で開かれた初公判。息子は灰色のトレーナーにズボン姿で細身の体を固くして直立し、検察官が読み上げた起訴内容について「(間違っているところは）ございません」とはっきり答えた。

検察官と弁護人の説明や、息子が朝日新聞の取材に答えた内容によると、事件に至る経過はこうだ。

両親と息子の一家3人は、息子が小学校に上がるころから足立区の団地に住み始めた。息子は定時制の高校を卒業後に衣料品の販売店員として働いたが、二十歳のころに母親が乳がんで死亡。父と子2人きりの生活になった。

着物の友禅染《ゆうぜんぞめ》の仕事で家計を支えていた父は、母の死を機に、より安定的な仕事を求めて高校の用務員に転職。一方で息子は28歳のころに仕事を辞めた。トラブルがあったわけでも体調が悪かったわけでもない。特に理由はなく、自宅に引きこもるようになった。父に促されて2〜3年は就職活動を続けたが、うまくいかずにあきらめた。

買い物に食事の用意、洗濯、掃除。家事に精を出すようになると、父は何も言わなくなった。生活費は父の給料や年金でまかないながら、30年ほど過ぎた。

ほとんど病気のなかった父に異変が生じたのは、19年7月26日のことだ。好きなえびの天ぷらも食べなくなり、口にしたのはサラダの上にのせたミニトマトだけ。「病院に行く？」と尋ねても答えず、布団で寝ている状態が続いた。
31日の午前3時半、潮が引くように息をひきとった。体を揺すり、胸に手を当てて鼓動を確認し、鼻に耳を近づけて死を悟った。
それからどうしたのか。息子は被告人質問で、こう説明した。
弁護人「亡くなったのに気づいて、真っ先に何をしましたか」
息子「（タオルで）体を拭いて、下着とパジャマの着替えをしました」
弁護人「それから3週間以上、どうしていた」
息子「毎日、そうやって体を拭いていました」
弁護人「遺体はどうなった」
息子「何日かして、虫がわいてきました。だから、それも一緒に拭くようになりました」
検察官が法廷で明らかにした供述調書によると、息子は病院に通報しなかった理由をこう答えたという。
「通報しておやじを連れて行かれたら、本当にひとりぼっちになると思って、救急車を呼べなかった。ひとりになるのが怖かった。近くにいてほしかった」

友禅染の仕事をしていたころは感情をあまりあらわにせず、黙々と染め物に打ち込んでいた。手を上げるようなことは絶対にしない温和な父だった。母の葬式のとき、涙で目を腫《は》らした父から「2人で頑張っていこうな」と言われたのを覚えている。

父が外で働き、自分は家事をする。それでなんとか生きてきた。数十年前に一度だけ、親子で九州を旅行したことがある。電車で各県をまわり、熊本で阿蘇山の大自然を感じた。鹿児島で桜島の迫力に圧倒され、大分で別府温泉につかった。一家3人で暮らしたころの幸せには及ばないけれども、前を向いて歩いていると実感できた。

父は75歳まで用務員として働きながら、いつも息子の体調や仕事のことを気遣ってくれた。そうやって追い詰められることなく、これまで生きてこられた。遺体をきれいにしてあげたいという気持ちは、自然にわいた。顔や脇をタオルで拭きながら、感謝の念を届けているつもりだった。

だが何日か経つと、遺体には変化が現れ始めた。全身から透明な体液がたれ始め、布団に染みていく。夏の暑い時期、においも強くなってきた。周りの住人に迷惑をかけないよう、布団と床の間にビニールを敷き、消臭スプレーでごまかした。
傷みが激しくなるにつれて、「かわいそうなことをしている」という気持ちになった。そんなとき、警察官が異臭騒ぎを聞いてやってきた。最初は「部屋のなかは見せたくない」と抵抗したが、心のなかではほっとしていたという。
被告人質問では、検察官が放置の理由を突っ込んで問いただした。
検察官「8月24日に警察官が来なければ、どうするつもりだったんですか」
息子「特にどうという考えはありませんでした。誰にも言えなかったし、そのままにしていたと思う」
検察官「何が怖かった」
息子「見つかることとが。見つかったら自分がひとりになる怖さがあった」
検察官「ご遺体が変わっていく様子を見て、何も思わなかったんですか」
息子「やはり、かわいそうだと思いました」
検察官「周囲に迷惑がかかるとは」
息子「もちろん思いました」

検察官「それでも孤独になりたくないという気持ちを優先させたということか」
息子「……迷惑をかけたくなかった。ですが、どうしても言い出せませんでした」
検察官「そのままにしたら、（父の）年金が払い続けられていたのでは」
息子「取り調べでそう言われて、気づきました」
銀行の口座には、父の死亡後も1カ月分の年金が振り込まれていた。息子は手をつけていないが、検察官は論告で「不正受給にもつながる悪質な事案だ」と主張し、懲役1年を求めた。
一方で弁護人は、息子の心情に理解を求めた。「親戚付き合いもほとんどなく、会話ができるのは父ばかり。知人や友人もおらず、極めて孤独だった。強く非難できない」
最終陳述で、息子は「大変な親不孝をしたと深く反省しております。外に出させていただいたときには、すぐに（遺骨を保管している）区役所に行って引き取って、一日も早く供養してやりたい」と話した。
11月8日の判決。裁判官は、懲役1年としたうえで2年の執行猶予をつけた。「お父さんが亡くなったことを届けることでひとりになるのが怖かったというのは、心情としては理解できる」としつつ、「供養もしないで1カ月近く放置したことは見過ごすことができない」とも指摘した。

息子は直立不動で、指先までまっすぐ伸ばして判決を聞いた。最後に裁判官が「お父さんをしっかり供養してください」と告げると、小さな声で「はい」と応じた。

思い出の詰まった団地には引き続き住むことで話はついている。息子は取材に対し、「父の遺骨を八王子にある母の墓に入れたら、仕事を探したい」と話した。

（阿部峻介）

＊追記　検察、被告側とも控訴せず、判決が確定した。

「ママの代わりになれ」

2019.12.15

「私は怒っています。1つはパパに対して。なぜ、あんなことをしたのか。もう1つ、嫌だと言い切れなかった自分に対しても。ママに申し訳ない。パパはママが大好きな人だったから――」

この冬、関東地方のある裁判所の法廷に、被害者の少女が書いた意見を読み上げる女性弁護士の声が響いた。被告席の男は、ひざの上で握った拳を黙って見つめている。少女は、検察官席の後ろに立てられたついたての向こう側で、自分が書いた意見を聴いていた。

被告の男は少女の父だった。保護者の立場を利用して性交したとして、監護者性交罪で起訴された。初公判で父は、事実関係を認めた。起訴されたのは1回についてだけだったが、検察側の冒頭陳述や、父と少女の供述調書などによると、実態は違った。

検察官が冒頭陳述などで明らかにした経緯によると、始まりは1年3カ月ほど前。闘病中だった母が息をひきとり、父と少女、2人の生活が始まってからだ。少女はもともと父が苦手だった。「ママが死んだら、施設に入りたい」と闘病中の母に話したが、母は「パパと一緒に暮らしてほしい」と言ったという。

ある日、父は少女にこう告げる。

「おまえを育てることにメリットがない。ママの代わりになれ」

「ママがいないから、俺が何でも教えなければならない」

「一緒に暮らすメリットを作ってよ」

父は当時中学生だった少女を襲った。

約2カ月後、二度目の関係を迫られた。

「合意があればいいんだ」

「割り切ってやるのがいい」

「外でストレスを発散するとお金がかかり、生活できなくなるとおまえも困る」「嫌だ」という少女に、父はたたみかけた。「俺はストレスがたまると何をするかわからないぞ。俺が出て行くかもしれないし、おまえが施設に行くかもしれない。ママの気持ちを裏切ることになる」

父は一方的に約束事を作った。週に3、4回相手をすること。家出はしないこと。絶対にほかの人に話さないこと。もし、どちらかが誰かに話したら、話したほうを殺すこと。殺したほうは、自殺すること――。

さらに翌日の深夜、父は三度目の性交に及んだ。好きなアニメのキャラクターを思い浮かべたり、高校生になったら家を出ようと考えたり。少女は嫌な時間が早く終わってほしいと念じていた。

「どうやったら施設に入れますか」。翌日、少女は中学の先生に相談した。すぐに児童相談所に保護された。

父はその後、1年近く姿を消した。

逃走した理由について、父は被告人質問で「死に場所を探していた」と供述した。だが、一度はお金をとりに家に帰っている。その後、父が逮捕されたことを聞いた少女は「安心した。見つかったらと思うと怖かった」と検察官に話したという。

被告人質問で語った内容によれば、父は中学卒業後、建設現場やパチンコ店などで仕事をしてきた。少女が物心ついたころには少女の母と一緒に暮らしていた。少女とはよく一緒に遊んだし、父として学校の行事に参加もしていた。正式に婚姻届を出したのは、母の余命があと半年だと宣告された後だ。「娘のことがあるから」と母から頼まれたため、結婚を受け入れたという。

被告「被害者、関係者に申し訳なく思っています」

検察官「あなたのやったことの結果、何が起きたのか？」

被告「被害者と被害者の家族、妻も裏切った。被害者やその家族とのつながりを壊してしまった」

検察官「どう償うのか？」

被告「償う方法は、僕にはないです」

検察官「被害者本人が法廷に来ている。なぜ来ていると思うか」

被告「わかりません」

裁判官「あなたのやったことで、娘さんは何を失ったと思うか」

被告「家族を失ったと思う」

こんなやりとりが続いた後、裁判官はため息をつき、間を置いて言った。「家族を失ったというのは、まさか自分のことを言っているのですか」

被告は何も答えなかった。

冒頭の少女の意見は、このやりとりの後に読み上げられた。「この前、合唱コンクールで最優秀賞になっても、うれしかったのは一瞬だけだった。こんな感情をこれからも持ち続けていくことになるのか」

検察官と裁判官は法廷で「あなたは自分のしたことと向き合えていない」と同じ言葉を口にした。被告は何も答えず、弁護側は「再犯のおそれがまったくない」などとして、刑を軽くすることを求めるだけだった。

初公判から約1カ月後、裁判官は検察側の求刑通り、懲役5年の判決を言い渡した。

裁判官はごく短い判決をこんな言葉で締めくくった。

「落ち度がない被害者に、自らを責める言葉を述べさせた。反省する旨を口にするが、被害者の負担をおもんばかる態度は感じられなかった」

被告はただ「はい」と答えただけだった。

判決文を読み上げる裁判長の言葉を、少女はこの日もついたての向こう側で聴いていた。

（被害者保護のため、裁判所名、筆者名は記載していません）

Ⅲ　言えなかった「助けて」

警察官を誘惑した金色の腕時計

2019.12.24

連日30度を超える猛暑が続いていた2019年8月中旬の宇都宮市。1人暮らしの男性がマンションで死亡しているのが見つかった。110番通報を受けて警察官が駆けつけ、検視の結果、病死と判明した。それだけならニュースにもならなかっただろう。だが、その約1カ月後、駆けつけた警察官が逮捕された。現場で何があったのか——。

窃盗の疑いで逮捕され、占有離脱物横領の罪で起訴されたのは栃木県警宇都宮中央署に所属していた元巡査部長の被告の男(35)。検視現場で見つけた350万円相当の高級腕時計を、こっそりポケットに入れて持ち出した。

12月6日の初公判。被告は黒いスーツ姿で出廷した。伸びた髪に黒縁メガネ。小柄だが、がっちりした体つきで、おとなしくまじめそうに見えた。

検察側は冒頭陳述で、犯行の詳細を明らかにした。

「マンションで男性が倒れている」。8月16日午前10時15分ごろ、宇都宮市中心部に立つタワーマンションで、家事手伝いの女性から110番通報があった。

被告ら宇都宮中央署員が現場に駆けつけたのは約30分後。トイレで倒れている1人暮らしの男性（当時43）を見つけた。同僚が男性に声をかけたり署に報告したりしている間、被告は別の部屋を確認して回った。

台所に入った被告の目は、保管箱に収められていた自動巻きの2本の高級腕時計に吸い寄せられた。同僚が見ていないのを確認して、金色に輝く腕時計1本を手にとった。「数十万円くらいする」と思った。同僚に名前を呼ばれ、とっさにポケットに入れた。部屋から出るまで、わずか5分間の出来事だった。

初公判の被告人質問で、弁護人が犯行時の心境を尋ねた。

弁護人「腕時計は最初から盗むつもりだったんですか」

被告「いいえ。名前を呼ばれてとっさにポケットに入れてしまいました」

弁護人「戻そうとは思わなかったのですか」
被告「署に戻った後もなんとか返せないかと考えていたのですが、うまくいきませんでした」
弁護人「いま、自分がしたことについてどう思っていますか」
被告「警察官にもかかわらず、人の道を外れたことをして申し訳なく思っています」
被告は、最初から盗むつもりではなかったと繰り返した。だが、検察官は厳しく問い詰めた。
検察官「最初から盗もうと思っていたわけではないのですか」
被告「思っていません」
検察官「では、なぜ腕時計を手にとったのですか」
被告「ストレスで集中力がなくて、なんとなく手にとって考えごとをしてしまいました」
検察官「ポケットに入れたのはどうしてですか」
被告「名前を呼ばれてとっさに。普通だったら自制心が働くけれども、精神的に追い詰められていたのもありました」

検察官「あなたは取り調べで『高級なものだと思ってポケットに入れた』と話していましたが、そう思っていたなら反射的ではなく、盗もうと思っていたということですよね」

被告「いや……」

検察官「取り調べで言っていたことは間違っているんですか」

被告「いいえ、間違っていません」

時折、言葉に詰まり、結局、なぜ盗んだのかはっきりとは説明できなかった。

被告人質問で動機を聞かれ、被告は借金に苦しんでいた状況や職場への不満を語った。

10年前、結婚式の資金として県警の共済会から300万円を借りてから、借金生活から抜け出せなくなった。一度は債務整理をしたが、投機性の高い金融商品の外国為替証拠金取引（FX）に手を出し、再び借金を重ねてしまった。犯行当時も消費者金融に70万円の借金が残っていた。

18年3月に宇都宮中央署刑事1課に異動してからは、上司との関係でも悩んでいた。

書類を提出しても何度もやり直しを命じられた。暴言を言われることもあり、大きなストレスを感じていた。

被告は「10年以上警察官の仕事にはなじんでいたが、中央署に異動してからストレスを感じるようになった」と話した。

被告は盗んだ腕時計をしばらくカバンのなかに入れたまま持ち歩いていた。捨てるのはもったいないと思い、ネットを通じて古物商に連絡をとり、査定してもらうと、200万円で売れることがわかった。19年9月に売却し、200万円が口座に入金された。使っていたのは5万円だけだった。

売却の経緯や使い道について、裁判官が質問した。

裁判官「査定の結果を見てどう思いましたか」

被告「思っていた以上の金額で、返そうとか捨てようとか思わなくなりました。ちょうど上司に暴言を言われて自暴自棄になっていて、もういいや、売ってしまおうと」

裁判官「200万円はどうしたんですか」

被告「5万円だけ下ろして食費とかに使いました。ゆくゆくは借金返済にあてようと思っていました」
裁判官「5万円以外を使わなかったのはなぜですか」
被告「売る前から、いずれはばれて捕まると思っていたので、手をつけませんでした」
裁判官「懲戒免職になって退職金も出ないんでしょう。働いていたほうがよかったとは思いませんか」
被告「はい」
歯切れの悪い返事を繰り返していた被告の口調が変わったのは、裁判官に同じようなことを過去にしたことがないか聞かれたときだった。「初めてでした。一切ありません」。力強く言い切った。
犯行が発覚したのは、腕時計を買い取った古物商からの通報だった。捜査関係者によると、被告は警察官の身分を古物商に明かしたうえで売却しており、「公務員にしてはあまりに高級過ぎる」と不審に思われたという。
10月に県警を懲戒免職となり、現在は無職。住んでいた官舎も追い出された。古物商への弁償と借金は両親が立て替えてくれ、妻子とやり直すつもりという。弁護人から法廷で今後の生活について聞かれた際、被告は「両親にお金を返すためにも仕事をしたい。資格をとって、自分に合った仕事を見つけたい」と話した。

12月19日、宇都宮地裁の裁判官は「利欲目的は明らかで、警察官に対する信頼を甚だしく裏切る行為。他方、懲戒免職となり、今後については妻が指導監督を誓約しているなどの事情も考慮した」と述べ、懲役1年執行猶予3年の有罪判決を言い渡した。裁判官は判決を言い渡した後、「間違いをよく反省して。周りにも迷惑をかけたと思うので、しっかりやり直してください」と声をかけた。被告は静かにうなずいた。

（若井琢水）

*追記　検察、被告側とも控訴せず、判決が確定した。

泥酔のドライブ、消えた叫び声

2019.12.27

久しぶりに会った親友と、もっと長く一緒にいたい――。被告の男（23）は居酒屋で飲んだ後、同級生の男性（当時22）と夜の山へドライブに繰り出した。「酒飲んでても普通に走れるよね」。2人で笑い、歌い、スピードを加速させた45分後、車は急カーブに突っ込んだ。ドライブレコーダーに残された、友の最後の言葉は――。

起訴状などによると、被告は2019年5月19日午後11時半ごろ、愛知県豊田市内の国道で酒気帯びのままレジャー用多目的車（RV）を運転し、同乗していた男性を死亡させたとして、自動車運転死傷処罰法違反（危険運転致死）と道路交通法違反（酒気帯び運転）の罪に問われた。

被告の職業は航海士。勤務する船が名古屋港に寄港したため、事件前は実家で過ごしていた。19日は船に戻る予定だったが、海上のしけで急きょ延期になり、突然の休暇となった。被告は迷わず、男性に連絡した。

男性とは高校1年のとき知り合った。釣りが共通の趣味で、働き始めてからもよく一緒に出かけていた。互いの家族も面識があり、被告の母親は被告から「親友という言葉では言い表せないほど大好き」などと聞かされていた。

2人は昼過ぎに落ち合った。洗車や釣り、買い物を済ませた後、家から徒歩圏内の居酒屋に車で向かった。店では大ジョッキのビールを2杯ずつ飲みながら、「どちらが先に結婚できるか」といった将来の話に花を咲かせた。店を出た後も、コンビニで缶ビールを買って飲んだ。被告が車に給油していないことを思い出した。「ガソリン入れに行こう」。男性を助手席に乗せて600メートルほど離れたガソリンスタンドへ向かった。午後10時40分ごろのことだ。

弁護人「なぜ酒を飲んだ状態で運転してしまったのか」

被告「彼（亡くなった男性の名前）と離れがたく、もう少し一緒にいたい気持ちでした」

実は、被告は過去にも二度、飲酒運転をしたことがあった。いずれも、この男性が同乗していた。「ばれなければいい」。そんな認識だったという。

この日、被告は給油を終えた後、ガソリンスタンドから4キロほど離れた山に向かった。男性と一緒に歌える場所を探していた。

証拠として提出されたドライブレコーダーが法廷で再生された。車内に邦楽ロックバンドの曲やアニメのテーマソングが流れ、曲に合わせて歌う楽しそうな声が響いた。

被告「酒飲んでても普通に走れるよね」

男性「もう3リットル飲んでるからね。飲酒運転の何が悪いのかわからん」

山に到着し、2人は1曲歌った。だが、ほかに人がいたことに気づき、別の場所を探して再び車を動かした。途中でコンビニに立ち寄り、500ミリリットル入りの缶ビールを6本、パックで購入して後部座席に置いた。

被告の運転はどんどん荒くなっていった。赤信号の交差点に進入したり、前の車との車間距離を詰めたり。午後11時20分ごろ、「車をこすったのではないか」と男性が声をあげた。車を止めて被告が確認している間に、男性が外に出て、車の助手席側のステップに足をのせ、ルーフレールを両手でつかんだ。車にしがみついた状態で、「行って」と発車を促した。被告はそのまま発進した。「危ないとも思ったが、面白そうだと思ってしまった」

はじめは慎重に速度を落として運転していたが、後続車が来ると、ぐっとアクセルを踏んだ。車はカーブの多い下り坂に差しかかっていた。

はじめは「大丈夫」と言っていた男性だが、スピードが上がるにつれて身の危険を感じたようだった。

被告「80キロ！」

男性「やべえ、危ねえ、速すぎだって」

被告「いま100、110、120……」

男性「無理無理無理、まじで落とせ、まじで落とせ、危ねえ」

直後、激しい衝突音がした。車が角度の急なカーブに進入し、壁にぶつかったのだ。

被告は外に出て、倒れている男性を見つけた。呼んでもゆすっても反応がない。あごの下の部分が深く切れていた。父親に「事故を起こした」と連絡。車内の缶ビールのパックを道ばたの川に投げ捨てた後、消防と警察に連絡し、消防の指示に従って男性の心臓マッサージを続けた。

男性は翌0時24分に病院で死亡が確認された。首の傷が致命傷だった。検察の調べで、被告は最高速度が時速40キロの道路で、最大で時速97キロまで加速。カーブには時速90キロで突っ込んでいた。スピードを上げ、実際より速い走行速度を男性に伝えた理由は、いずれも「彼を驚かせるため」だった。

ドライブレコーダーでは会話をしていたように聞こえたが、男性が発した最後の言葉は「大きな声で何か言っているのはわかったけれど、風の音で何を言っているのかまでは聞こえていなかった」と証言した。

被告は法廷で、男性との思い出を、涙を流し、声を詰まらせながら語った。最終意見陳述でも、泣きながら反省の弁を述べた。「彼の最後の姿を一生忘れることはできません。かけがえのない唯一の大親友で、この先も一緒に人生を歩みたかったです。一生涯をかけて反省し続け、罪を償っていきます」

名古屋地裁岡崎支部は12月4日、運転は危険で無謀というほかなく、交通ルールを軽視したあげくの事故は「強い非難を免れない」などと指摘し、懲役3年6カ月の判決を言い渡した。

裁判長が主文を言い渡すと、被告ははっきりした口調で「はい」と言い、一度うなずいた。

（小松万希子）

夫は静かに妻の首を絞めた

2019.12.29

病気や障害を抱える夫を支えながら暮らし、うつ病を発症した妻が２０１９年5月、千葉県市川市の自宅で自殺を図った。意識を失った妻を見つけた夫は助けることなく、静かに妻の首を絞めた。それが妻の望みだと信じて――。

千葉地裁で10月3日、自殺幇助《ほうじょ》の罪に問われた夫（69）の初公判があった。白髪交じりで黒縁のメガネをかけ、ポロシャツにベスト姿。足を引きずりながら証言台に立った。「間違いございません」。起訴内容を読み上げられると、はっきりとした口調で答えた。

起訴状などによると、夫は5月5日午後、自宅で妻（当時66）が針金入りのチューブで首を絞めて自殺しようとしているのに直面。自殺を手助けしようと考え、妻の首を締めつけて窒息死させたとされる。

冒頭陳述で夫婦の暮らしぶりが明らかになった。

夫は社会保険労務士などとして働いてきた。数年前、膀胱《ぼうこう》がんの摘出手術を受け、人工膀胱（ストーマ）をつける。パーキンソン病も患っていた。

日常生活に大きな支障はないが、言葉がうまく発せず、足も不自由だった。毎日3回の薬は、妻が忘れないようサポート。夫婦げんかはほとんどなかった。

長男や次男は独立し、自宅マンションでは夫婦2人暮らしだった。同じマンションの別の階に住む次男は月に数回、孫と一緒に顔を見せに訪れていた。

妻に異変が見られるようになったのは19年1月ごろ。「眠れない」と話すようになった。税金の支払いに不備があるのではないかなど、ささいなことで不安を漏らすようになった。

2月、メンタルクリニックでうつ病と診断された。

「死にたい」。次男の前で一度だけ漏らした言葉を、夫の前では何度も発するようになった。

「生きている意味がない」「ベランダから飛び降りる」「高速道路に行こうかな」「一緒に死のうよ」……。そんな言葉が口癖になっていった。

こどもの日の5月5日午後。夫は、和室の布団の上で仰向けになっている妻を見つけた。普段、妻が昼寝をすることはほとんどなく、不思議に思って近づくと、チューブで首を絞めたまま意識を失っていた。そして――。

被告人質問で、夫は当時の気持ちを振り返った。
弁護人「あなたはどうしたのですか」
夫「心臓を確かめました」
弁護人「生きていましたか」
夫「生きていました」
弁護人「このまま生きられると思いましたか」
夫「もう、戻らないと思いました」
夫の声は小さくなっていった。

弁護人「どういう思いだったのですか」
夫「前から『死にたい』って言っていて、ついにやらかしたって。早く楽にしてあげようと」
検察官が質問しても、結論は変わらなかった。
検察官「『殺してくれ』と言われたことがありましたか」
夫「言われていません。『一緒に死のう』と言われたことはあります」
検察官「いまなら、どうすればよかったと」
夫「そのままにするほうが、もっとかわいそうだと思いました」

夫は妻の心臓が止まっているのを確認した。

午後5時近く。夫は近くのスーパーマーケットに向かい、線香やろうそくを買った。

自宅に戻ると、段ボールに数珠、ライターも一緒に置き、即席の仏壇を作った。

亡くなった妻の横に座り、考えた。自分もいま、マンションから飛び降りて死んだほうがいいのか——。

午後7時過ぎ、次男にＬＩＮＥでメッセージを送った。

〈お母さんが亡くなった〉


証拠調べで、自殺前の妻の様子も明らかになった。

タンスのなかからは「お墓、葬儀の足しにしてください」と書かれたメモや現金が見つかった。家族に宛てた遺書のようなものも残されていた。

証人として出廷した次男は両親への思いを語った。

弁護人「遺族として、加害者の息子として、どんな思いでしょうか」

次男「複雑です。手をかける前に相談してほしかった。でも、病気で苦しんでいた母を手にかけてしまった父の気持ちも理解できる。これからは、残った者同士で支え合って暮らしていきたい」

事件後の精神鑑定で、軽度の認知症と抑うつ状態と診断された夫。唇を震わせながら、嗚咽を押し殺し、次男の言葉にうなずき続けていた。

弁護側は最終弁論で「被告は精神状態が不安定だった。妻は自殺を強く決意していた。

命が助かるかわからない状況に直面したとき、妻を楽にしたいと思った動機は理解できる」と訴え、執行猶予付きの判決を求めた。

一方、検察側は論告で、妻が通院していたメンタルクリニックの院長の話として、うつ病は改善傾向にあり、自殺願望はほぼなくなっていたと主張。「治療を続けることで、うつ病から回復できる可能性もあったのに、妻の命を奪った結果は重大」と述べ、懲役2年を求刑した。

11月8日、千葉地裁は懲役1年6カ月執行猶予3年の判決を言い渡した。裁判官は、長年連れ添った妻が「死にたい」と訴えていたことなどを指摘。「妻を楽にしてあげたいという思いを抱くのも理解できる。動機、経緯には同情の余地がある」と執行を猶予した理由を述べた。

夫は下を向いたまま、じっと判決を聞いていた。

検察、被告側とも控訴せず、判決が確定した。

（小木雄太）

妊娠言えなかった学生カップル

2020.1.21

ある秋の夜。産婦人科診療所の玄関前で、バスタオルにくるまれた生後まもない赤ちゃんが泣き声を上げていた。置いていったのは、母であり父である未婚の専門学校生カップルだった。出産から置き去りまでの背景にあったものは。そして、事態はどのように発覚したのか――。

起訴状によると、福岡県内在住の男(22)と女(22)は2018年10月下旬、県内の産婦人科診療所の玄関前に、0歳の男児を置き去りにしたとして、保護責任者遺棄の罪に問われた。男児は前日に生まれたばかりだった。

19年12月11日に福岡地裁であった初公判で、2人とも起訴内容を認めた。

2人は理学療法士を目指し、福岡市の同じ専門学校で学んでいた。17年末に交際を開始。18年4月、妊娠2カ月とわかった。

「子どもを育てる用意はできていなかった」という男は不安を抱き、親に相談することを考えた。「これから一緒に頑張っていこう」と言われると思っており、育てていくことについても「母や妹がいれば大丈夫」と感じていた。

女にも、うれしさはあった。だが、学業に専念するように釘を刺され、「妊娠したら縁を切る」とまで言われていた母親に、相談などできるはずもなかった。男も「学校をやめなきゃいけなくなる」と、親に相談しないことに同調した。

一方、男は女に産婦人科の受診を勧めた。しかし、学校の実習やテストが重なった。休むと単位がとれなくなる。2人は誰にも打ち明けないまま、通学を続けた。周囲には、大きくなったおなかを「太った」とごまかした。

女は中絶も考えたが、入院しなくても中絶手術ができる12週は、あっという間に過ぎた。「産むしかない」。女は覚悟を決めた。男も同意した。

初公判の日にあった被告人質問で、女は判断の理由を語った。

検察官「2人でどうにかなる問題ではない。なぜ母親に相談できなかったのか」

女「母は自分がなりたいもの（職業）を知っていて、背中を常に押してくれていたから」

弁護人「赤ちゃんより実習を優先したことになる」

女「理学療法士になりたい気持ちと、両親に学校のお金を出してもらっていたから」

18年10月下旬、「2人で休むと怪しまれる」と考え、男が実習に出席するなか、女は男の自宅で1人で出産した。男の子だった。2人とも出産を喜び、赤ちゃんの写真を撮った。

だが、これからどうしたらいいのか。実習は休めないが、赤ちゃんを家において実習に行くわけにもいかない。親が育てられない子どもを匿名で預かる熊本市の病院に行こうか。しかし、行く時間もお金もない。

出した結論が、男児の遺棄だった。

出産の翌日の夜、2人は男が運転する車で、2人が知るなかで最も大きい産婦人科に向かった。明るくて人通りも多い所にある診療所で、交番も近い。誰かが見つけてくれて、すぐに保護してくれると期待した。

診療所の近くに来たが、車から外に出られなかった。10分、20分……。2人は再び話し合った。それでも結論は変わらなかった。

午後10時前、女が診療所の玄関前に男児を置いた。自分のものだと警察にばれる可能性があると考え、男児に着せていたTシャツを脱がせ、バスタオル2枚にくるんだ。戻ってきた女に、運転席で待っていた男はかける言葉がなかった。外は気温15度。「病気になるのでは」「誰も見つけてくれなかったら」。2人は不安でいっぱいになり、ともに泣いた。

2人はその後、専門学校に通い続けた。

出産したことが発覚したのは、19年2月下旬のことだ。女の部屋を掃除した女の祖母が、1枚の写真を見つけた。写っていたのは赤ちゃんで、「元気な男の子」との添え書きがあった。へその緒も見つかった。

翌日、2人は家族に付き添われ、警察署に自首した。5月になって、保護責任者遺棄の疑いで逮捕された。

男児は、２人が置き去りにしてから約1時間後、通りかかった男性に泣いているところを発見され、診療所に保護された。現在は里親に育てられている。

被告人質問で裁判官からは「男児の親」としての今後について聞かれた。

裁判官「子どもとの関係はどうするつもりか」

男「大きくなって、自分と『会いたい』と思ってくれたら会いたい」

裁判官「会ったとき、子どもは何と言うと思うか」

男「『何で置いていったの？』と言うと思います」

裁判官「どう答えるか」

男「包み隠さず、したことを言います」

裁判官「（子どもは）許すと思うか」

男「思いません」

裁判官「赤ちゃんを引き取ることはあきらめているか」

女「はい」

裁判官「今後子どもを持ちたいという思いは」

女「いまは考えられません」

最終弁論では、男は「自分がしてしまったことで、多大な迷惑をかけてしまったことを反省している」。女は「してしまったことにしっかりと向き合い、反省して過ごしていきたい」と述べた。

12月26日。ともに懲役1年6カ月という検察側の求刑に対し、裁判官は懲役1年6カ月執行猶予3年の有罪判決を言い渡した。「子の生命、身体の安全よりも自らの学業や周囲との関係を重視した点は、考えが浅く身勝手というほかない」と指摘する一方、自首したことや反省の態度を示したことを重んじた。

「自分の人生の意味、子どもを持つことの意味を考えながら過ごしてほしい。それが、私の希望です」

裁判官は判決の最後に2人に語りかけ、閉廷した。

（宮坂知樹、角詠之）

妻は娘を2階から3回落とした

2020.3.7

新潟県長岡市の民家で２０１９年６月、生後３カ月の女児が亡くなった。２階の吹き抜け部分から階下に数回落とし、小さな命を奪ったのは女児の母親（32）だった。まじめで優しかったという女性がなぜ、幼い娘を自ら殺めてしまったのか――。

20年２月13日、新潟地裁で始まった裁判員裁判。殺人罪に問われた長岡市職員だった女性は初公判の法廷に、白いシャツと上下黒のパンツスーツ姿で現れた。左手の薬指には指輪。裁判長に名前を確認されると、はっきりとした口調で答え、手元のメモに目を落としながら検察側、弁護側双方の冒頭陳述を聞いた。

冒頭陳述などによると、女性は同じ市役所に勤める夫と14年に結婚。16年に長男、昨年の19年2月27日に長女を出産した。

その後、女性は育児休暇をとる。生後1カ月ほど経つと長女の夜泣きが始まり、女性は不眠や倦怠《けんたい》感に悩むようになった。授乳は多いときは1日に14回。いったん長女が夜泣きを始めると1時間ほどかけてあやさなければならず、まとまって眠れる時間は1日1〜2時間ということもあった。

重ねて、4月に入ると夫が異動で忙しい部署に配属され、帰宅は深夜に。日付を越えることもあった。

そんな女性の姿を見て、義母が手を差し伸べた。ほぼ毎日、家に手伝いに訪れ、孫にあたる長男の夕食を作ったり、掃除をしたりしてくれた。それでも、長女のおむつ交換や洗濯などの育児や家事が女性の負担になり、次第に体調は悪化した。

台所に立っても何をすればいいかわからず、「死んでしまいたい」「消えてなくなりたい」と考えるようになった。弁護人がその当時の気持ちや状況を被告人質問で聞いた。

弁護人「死にたいという思いはいつから」
女性「5月中旬からだったと思います」
弁護人「その気持ちは強くなったか」
女性「毎日のように死ぬことばかり考えるようになりました」
弁護人「夫は何と」
女性「『どうしてそんなこと言うの？　言わないで』と」
弁護人「長男はどうだったか」
女性「私がぐったりして遊んであげられず、だんだんなつかなくなりました」
弁護人「それを見て夫は」
女性「『母親の愛情が足りてないんだ』と言われました」

19年5月、自分で車を運転し、心療内科を受診した。ＳＤＳ（自己評価式抑うつ性尺度）と呼ばれる心理テストを受けた。80点が上限のなか、女性の点数はうつ病の判断基準を大きく上回る65点。重度の産後うつと診断された。診療した医師の供述調書によると、このときの女性は「顔に生気がなく、やっとの思いで言葉を発しているようだった。典型的なうつ病の症状だった」という。

女性は処方された薬で眠れるようにはなったが、死にたいという気持ちは消えなかった。電気コードをドアノブにかけて首をつろうとしたり、風呂場で左手を包丁で切ったりもした。長女が泣いているとき、長男から呼ばれると、どうしたらいいかわからずパニックになった。

当時の女性の心に迫ろうと、裁判官や裁判員も質問を重ねた。

裁判員「育児上で参考にしていたものは」

女性「2人目なので1人目のときの経験や、義母からのアドバイスから。授乳のコツなどはネットで調べました」

裁判員「友人などに相談は」

女性「同じタイミングで出産した職場の同期と情報交換はしていました」

裁判員「同年代の子どもがいる家は近所になかったか」

女性「隣の家に小学校低学年と、長男と同い年の女の子がいました。でも、顔を合わせたらあいさつする程度の関係でした」
裁判官「大変なことをしたと思ったのはいつか」
女性「警察署での最初の取り調べで『殺人罪』と言われ、我に返って自白しました」
裁判長「この子を育てれば明るい未来があるという考えはなかったか」
女性「私のことでいっぱいで、育児に頭が回りませんでした」

女性はスマートフォンの通信アプリを使い、長女が泣きやまないことを職場にいる夫に相談したことがあった。弁護側が示した証拠によると、「母親なんだからしっかりしろ」「甘ったれるな」といった返信があったという。

夫は公判で証言することはなかったが、検察側が供述調書を読み上げた。

長女を妊娠したときの女性の様子について、夫は「女の子をほしがっていたので喜んでいた。つわりがひどかったが頑張っていた」と振り返った。

しかし、長女出産後に女性は「消えてなくなりたい」「家族みんなで死のう」などと話すようになり、女性の手首に傷も見つけた。「皮むきのときに切った」という説明を不自然に思って問い詰めると、女性は「自分で切った」。夫は「そういうことしたらダメだよ」と諭したという。

それが、事件のあった6月に入り、女性から「死にたい」「消えたい」といった言葉は聞かれなくなった。育児や家事に励んでいるように見え、夫は「症状が改善してきたな」と感じていたという。

離れて暮らしていた女性の実母は証人尋問で、事件2日前に娘から電話があったと明かした。

弁護人「そのときの被告人の様子は」

実母「『頭が真っ白で何もできない』『料理も作れない』と。カレーライスも作れないのかと聞いたら、『作れない』と言っていました」

弁護人「どう思ったか」

実母「ただ事ではないと思いました。電話が昼過ぎだったので、行こうかどうか迷いましたが、この次にしようと思いとどまりました」
弁護人「誰かに連絡はしたか」
実母「次の日に向こうのお母さん（義母）に連絡しました」
弁護人「どんな話をしたか」
実母「迷惑をかけて申し訳ない。娘も大変そうなので、うちに帰ってこさせたいと話しました」
弁護人「義母は何と」
実母「『帰っていい』と言ってくれました。私は『（娘の）旦那さんに電話してみます』と言いました」
弁護人「被告人の夫とはどんなやりとりをしたか」
実母「『5月に比べると状態はよくなっている。帰らせなくても大丈夫ですよ』と言われました。私は安心して、もう少し様子を見ようと思いました」
弁護人「事件を防ぐにはどうすればよかったと思うか」
実母「これほどひどいというのを直接見ていなかった。会いに行ってやればこうならなかったのでは、と悔やんでいます」

事件のあった19年6月12日。女性はいつも通り午前6時に起きた。薬を飲んでいたため睡眠はとれたが、倦怠感は残っていた。長男の朝食にパンや果物を用意し、水筒にお茶を入れて保育園に行かせる準備も済ませた。夫は朝食を食べず、午前8時ごろに保育園に送る長男を連れて家を出た。その後――。

弁護人「長女と2人きりになった。何があったか」

女性「洗濯などをしていたら、娘が泣き始めました。ミルクをあげたり、抱っこしてあやしたりしました」

弁護人「そして」

女性「家のなかで、1階と2階を行ったり来たりしました。それでも泣きやまず、頭がパニックになり、2階から落としていました」

弁護人「理由は」

女性「……。特にありません。落としたら泣き声が聞こえなくなると思いました」

弁護人「そのときの記憶はありますか」
女性「ほとんど残っていません。まるで夢のなかにいるようで、頭のなかがぼーっとしていました」
弁護人「3回落としたことは」
女性「ぼんやりとですが、覚えています」
弁護人「長女が動かなくなり、どう思ったか」
女性「悲しくて涙が出る、ということもなく、ただぼうぜんと『私も死のう』と思い、キッチンから包丁を持ってきて自分の首に突きつけました」
女性は仰向けになり動かなくなった長女の隣で、うなだれた。約30分後、家事の手伝いに来た義母に警察を呼ぶように伝えた。
弁護人「長女に対して、いまはどう思っているか」
女性「娘は3カ月になって、あやすとかわいく笑ってくれるようになりました。そんな娘を見ても笑顔で接することができませんでした。こんな目に遭わせてしまったことを本当に申し訳なく思っています。深く深く反省しています」

それまでよどみなく冷静に質問に答えていた女性が、声を詰まらせながら涙を流した。

20年2月19日、判決が言い渡された。裁判長は「自分の大切な子どもを、ただ泣きやまないという理由で殺すという行動は合理的でなく、明るくまじめな被告人の性格とも合わない」と述べ、犯行にはうつ病が強く影響していたと指摘。逮捕後の精神鑑定で判断された通り、善悪の判断やその判断に基づいて行動する能力が通常より著しく劣る「心神耗弱」の状態だったと認定した。

そのうえで、犯行態様は危険で執拗《しつよう》だが、計画性はなかったとも判断。「うつ病に対して、できる限りの対処をしてきた」と女性の努力を認めた一方、「周囲の家族は病気に対する支援や理解がやや不十分だった」と述べ、「同情できる面が大きい」として、同種事件のなかでも刑事責任は軽い部類と結論づけた。

女性が反省し、実母が監督を約束したことなども考慮して宣告されたのは、懲役3年執行猶予5年だった。裁判長が判決理由を述べる間、法廷には女性がすすり泣く声が響いた。

言い渡しを終えた裁判長は、女性に少し長めの言葉をかけた。

「症状が悪化することがあれば、家族や医師、保健所に相談するなど、どんな手段を尽くしても抱え込まないでほしい」

「もうすぐ○○（長女の名前）ちゃんの誕生日です。誕生日や（事件があった）6月12日は毎年訪れますが、そのたびに○○ちゃんがこの世に生まれてきた意味を考え、冥福を祈ってあげてほしいと思います。被告人が立ち直ってくれることが裁判官、裁判員の願いです」

赤くなったほおを涙でぬらした女性は、証言台の前で大きくうなずいた。

検察側、弁護側とも控訴せず、判決は確定した。


（中村建太、谷瞳児）

追い詰められた「いい嫁」

2020.7.24

「いい嫁」と言われていた女が、介護をしていた夫の母を手にかけた。「私と一緒に死んで」。介護の負担が増えたが周囲から十分な援助はなく、眠れなくなっていた。なぜ追い込まれてしまったのか——。

起訴状などによると、被告（71）は2019年7月6日午後11時半から翌7日午前5時ごろ、愛知県内の民家で義母（当時96）の首をひもで絞め、殺害したとして殺人罪に問われた。

20年6月29日に名古屋地裁岡崎支部で開かれた裁判員裁判。初公判に、小柄で白髪交じりのショートヘアの被告が出廷した。裁判長から罪状について間違いないか問われ、

「(間違い)ありません」と小さく答えた。

公判でのやりとりから、事件の経緯をたどる。

被告は50年前、長男の夫と結婚。食事や洗濯など主な家事を担った。夫の両親やきょうだいらと暮らしていたが、03年ごろから義母と夫の3人での生活となる。自宅は、義母の家と渡り廊下でつながっていた。

義母が90歳を過ぎ、足腰が弱くなってくると、食事や布団の準備、ごみ出し、洗濯、服用する薬の手配も担うようになり、渡り廊下を頻繁に行き来した。当時は近くに住む孫3人を週3回預かり、習い事の送り迎えなどもしていた。

転機は19年5月、義母が自宅トイレで転倒したことだ。

歩行が困難になり、1人でトイレに行くのが難しくなった義母のために、2~3時間に1回、ポータブルトイレの交換をするようになった。トイレ以外でも毎日体を拭き、毎食後に薬を飲ませた。ショートステイを利用する予定だったが、6月に義母が帯状疱疹《たいじょうほう》《しん》を患い、利用を見合わせた。

「義母とはいつも仲良くしていた」という被告は、転倒や、帯状疱疹を早期発見できなかったことについて自分を責めた。介護の負担増もあり、次第に眠れなくなっていった。自分がいなくなったら誰が介護をするのか。周囲に不安を漏らすこともあった。

6月中旬ごろからは、介護を終えて真夜中に寝ても、午前4時には目が覚める日々が続いた。不眠用の薬を試したが、効果はなかった。このころ、親族に介護の手助けを求めたが、遠回しに断られた。

「このままではもたない」。事件当日、被告は病院の心療内科を受診し、強めの睡眠薬を処方してもらった。午後11時過ぎ、いつものように介護を済ませ、薬を飲んで布団に入り、目を閉じた。

午前1時、午前2時……。眠れず、1時間おきに目覚まし時計に目をやった。「今日は寝られると思ったのに」

気づいたときには、渡り廊下を歩き、義母の部屋に向かっていた。義母はベッドで寝ていた。「私と一緒に死んで」。首に両手をあて、力を込めた。手ではかなわなかった。寝室に戻り、洋服ダンスにある腰ひもで再び強く絞めた。

その後、睡眠薬を大量に飲み、海に向かって歩いた。7日早朝、路上で倒れている状態で通行人に発見された。

なぜ殺害したのか。被告は公判で理由を問われ、「バランスが崩れて昼寝もできない。こんな状況になったことがなく、どうしていいかわからなくなってしまった」と答えた。被告は義母の介護を一手に担い、周囲に強く援助を頼んでいなかった。

弁護人「（介護の）役割分担は」
被告「ありません、頼んでいない」
弁護人「なぜ頼まなかったのか」
被告「私がやることだった。当番制とか思いつかなかった」
弁護人「打開策はなかったのか」
被告「おばあちゃんの世話は私がするものだと」
弁護人「自分が逃げるとか、周囲に助けを求めるとか、ほかの選択肢は頭に浮かばなかったのか」
被告「それができなかった。どうしていいかわからなくなった」

夫は被告の外出時に介護を代わることもあった。ただ、負担を減らすために具体的な提案はしなかった。

裁判員「実の母。自分から率先しようとは考えなかった」

夫「妻に任せていたから、自分でやろうという考えはありませんでした」

被告の妹によると、被告は幼いころからまじめで、きょうだいのお手本だったという。事件直前に相談を受けたが、「どう助けていいかもどかしかった。やはり昔人間ですから、女の人でないと。(姉の夫には)全面的に頼めないと思った」と証言した。

被告は法廷で、義母に対する思いを語った。「若いときはきついことも言われましたが、年老いてからはずっと『いい嫁だ』と言ってくれて……」。涙で声を詰まらせた後、こう続けた。「取り返しのつかないことをしてしまって、本当に申し訳なく思っています」

町内会の呼びかけで近隣住民らが賛同し、被告の寛大な処分を求める嘆願書7914通が集まった。夫は「SOSに気づかなかったのは私の責任」として、被告の保釈後は一緒に余生を過ごしたいと述べた。

20年7月10日の判決公判。裁判長は「家族に迷惑をかけたくないという動機から殺害を決意し、犯行を実行したことは、被害者の命を軽く見たもの」と指摘した。だが、「周囲からの十分な援助が得られず、精神的に追い込まれていった。介護負担軽減策を十分に講じなかったことについて被告人のみを責めることはできない」と述べ、懲役3年執行猶予5年（求刑懲役6年）を言い渡した。

被告は、身じろぎもせず判決を聞いていた。

（小川崇、小西正人）

「片思い」から始まった暴行

2020.8.7

愛知県豊田市の山中で２０１９年2月、女性（当時31）の遺体が見つかった。女性に暴行を加えて死なせ、遺体を遺棄したなどとして起訴されたのは２人の女。うち１人は、女性の友人だった。被告を凶行に駆り立てた理由は、淡い恋心だった――。

20年6月22日、名古屋地裁で開かれた裁判員裁判の初公判。傷害致死と死体遺棄などの罪に問われた清掃業の被告（38）は、背を丸め、周囲をおびえたように見回しながら、証言台の前に立った。背中の真んなかあたりまで伸びた髪は一つに結ばれていた。

「被告は、無職の女（35）と共謀し、２０１９年2月ごろ、名古屋市中区のマンションの一室で、同居していた知人の女性の顔を複数回蹴るなどの暴行を加えて死亡させせたもの」「その遺体を車で運んで豊田市の山中に遺棄したもの」

検察官が起訴状を読み上げると、被告はゆっくりとした口調で答えた。「死体遺棄については認めます。暴行はしましたが、死につながるものではありませんでした」

冒頭陳述などから事件をたどる。

被告は小学校から高校まで、同級生や後輩から腹を殴られたり金をとられたりするなどのいじめを受けていた。高校卒業後、人間関係をうまく作ることができず、コンビニのアルバイトや自動車工場など、職を転々とする。知的障害と精神障害があると診断された。

女性と知り合ったのは、15年ごろのことだ。名古屋市中心部にある駅前ロータリーに座り込み、酒を飲む仲間の1人だった。2人は意気投合し、遊びに行くようになった。

被告は障害年金などで生計を立てていたが、18年夏ごろから清掃会社に勤務。出会った当初は無職だった女性も19年1月中旬から、同じ清掃会社で働くようになった。

2人はこのころ、共犯の女の家に住んでいた。共犯の女は、女性のキャッシュカードや通帳を管理。生活費として月5万円を支払わせていた。「仕事のミスを反省させるため」と因縁をつけ、たびたび暴行していた。
はじめは共犯の女だけが暴力を振るっていたが、あるときから被告も加わるようになる。きっかけは、２人が働く清掃会社の男性の存在だった。
弁護人「女性に初めて暴力を振るったのはいつか」
被告「1月16日の夜です」
弁護人「なぜ」
被告「その日の昼に男性に怒られたのが頭にきて……」
弁護人「昼間何があったのか」
被告「女性と男性と一緒にハウスクリーニングの仕事に行って、そのときに前日の夜、ベランダに２〜3時間閉め出したことを女性が男性に告げ口しました。それを聞いた男性から怒られました」
弁護人「前日の夜、なぜ女性をベランダに出したのか」
被告「女性が『男性が好きだから付き合いたい』と言うから、頭にきて……」
弁護人「女性を嫌いと感じたのはどんなときか」

被告「男性を好きだとか、付き合いたいとか言われたときです」

女性はハウスクリーニングの仕事中、男性の近くを離れなかったり、被告が男性に用があって行くときについてこようとしたりした。被告にとって、この男性は「片思い」の相手。自分が思いを寄せる人に女性が好意をちらつかせることが許せなかった。

暴行は、次第にエスカレートした。共犯の女とともに、座っている女性の顔を平手打ちし、ひざで蹴った。真冬のベランダに長時間閉め出したこともあった。手足はビニルひもや針金で縛った。女性は衰弱し、暴行を受けるたびに許しを乞うた。「痛い」「ごめんなさい」「もうやめて」。被告が助けの手をさしのべることはなかった。

被告の暴行の動機について、弁護人は「女性同士のつまらない意地の張り合い」と説明した。しかし被害者となった女性の本心はどうだったのか。公判で、被告が女性との男性について話し合ったかどうかは明らかにならなかった。

共犯の女の弁護人「女性は、男性のことを本当に好きだと思っていたのか」

被告「それはわかりません。最初はからかっていると思っていたけど、だんだん男性のことを本当に好きなのかな……と思い始めました」

共犯の女の弁護人「あなたは、男性のことが好きだったんですか」

被告「片思いです。大好きでしたが、私だけが好きで、向こうはどう思っているかわからない。男性の交際相手はほかにいたけど、相談に乗ってくれたりしてたんで、やっぱり……」

女性は19年2月2日ごろ、外傷性脳障害で死亡した。被告は遺体を遺棄した後、「取り返しのつかないことをした」と気づいた。知人の助言を受け、警察に自首した。

結審の日、裁判長から最終陳述を求められた被告は、鼻をすすりながら話した。「暴行したこと、遺体を捨てたことは事実なので、被害者に申し訳なく思っています。あと被害者の家族とか、たくさんの人にも迷惑をかけて本当に申し訳なく思っています」

20年7月13日の判決では、死体遺棄罪について「死者の尊厳を害する程度は大きく悪質」としたが、被告が自首していることなどから、懲役2年保護観察付き執行猶予4年（求刑懲役8年）を言い渡した。共犯の女には、懲役2年8カ月保護観察付き執行猶予4年（求刑懲役12年）を言い渡した。

女性に対する暴行については、2人が日常的に苛烈《かれつ》な暴行を加えていたことは認めた。

しかし、女性を死なせたとされる事件当日の暴行は、唯一の直接証拠となった被告の供述が捜査段階から変遷したと指摘。傷害致死罪は共犯の女とともに無罪とした。

体調を崩し、車いすで出廷した被告は、うつむきながら判決を聞いていた。判決文の読み上げが終わり、裁判長から「女性の死を無駄にせず、生活態度を深く反省して地に足の着いた生活をしてほしい」と説かれると、目頭をぬぐいながら顔を上げ、大きくうなずいた。

名古屋地検は控訴せず、被告と共犯の女は、ともに死体遺棄などの罪について有罪、傷害致死罪について無罪が確定している。

（藤田大道）

心中の双子姉妹が残した手紙

2020.8.9

「この手紙を読んでいるということは、私はもうこの世にいません」。容姿がそっくりな中学2年の双子の姉妹と、自衛隊に憧れていた中学3年の兄。3人のきょうだいはこんな内容を書き残し、父親同然だった男（51）に母とともに命を絶たれた。２０２０年1月、福島県いわき市で起きた家庭内の殺人事件。ただ、きょうだいは殺されることを承諾していたという。仲むつまじいと周囲に評判だった一家に何があったのか――。

6月3日。福島地裁いわき支部で男の初公判があった。男は紺色のジャージー姿で入廷し、落ち着かない様子で法廷内を見回した。逮捕時には肩ほどの長さだった髪は短く刈り込まれ、裁判官に起訴内容を認めるか問われると、淡々と「はい」とだけ答えた。

男は1月21日夜から22日未明、福島県いわき市の山あいの公園の駐車場にとめた車のなかで、依頼を受けて内縁の妻（当時43）を殺害。妻の子どもで中学3年の三男（同15）、中学2年で双子の次女と三女（同13）の承諾を得て、首を包丁で刺すなどして殺したとして起訴された。

検察の冒頭陳述や被告人質問の内容などから事件の経緯をたどる。

男はいわき市で生まれ育った。地元の大学を卒業した後、建設会社やその関連会社で10年近く働き、99年ごろに独立し、住宅リフォーム業を始めた。

2年ほどして、男の会社で働き始めたのが後に内縁の妻となる女性だった。2人はそれぞれ家庭を持っていたが、次第に仲を深め、交際が始まった。

2人はそれぞれ離婚。女性には6人の子どもがいたが、うち年上の3人は独立。17年からアパートの隣同士の部屋に住み、子ども3人と一緒に計5人で家族同然の暮らしを始めた。家計も一緒にした。

事件直後の朝日新聞の取材では、いつも5人でワイワイ楽しそうに歩く姿が近所の人に目撃されていた。

男の会社は経営状況が慢性的に悪く、借金がかさみ、消費者金融から追加で金を借りられないほどだった。女性は家計の足しにするため、配送センターで仕事を始めたものの給料は低く、同僚に「仕事がつらい」と愚痴をこぼしていた。児童手当や児童扶養手当といった公的援助を年間120万円ほど受けていたが、知人に借金を頼んでは別の知人に返す自転車操業状態が続いていた。

「消費者金融から約200万円、独立した長女から100万円、カードローンで50万円、親戚から45万円、同級生から18万円……」。検察官は法廷で次々と2人の借金を読み上げた。事件当時、借金は計約600万円に上っていたと指摘した。

19年末ごろから、女性は生活苦から自殺したいと男に打ち明けるようになった。男は女性と話し合ったり、LINEでメッセージを送ったり、思いとどまらせようとしたという。

弁護人は当時の状況を問いただした。

弁護人「妻の自殺願望を抑えようとしていたのは、どうしてですか」
男「やっぱり死んでほしくない。楽しく生きてほしかった。何か策はないかと考え、靴がぼろくなっていたので、子どもらとみんなで買ってプレゼントをしたり、気に入っていたキャラクターのぬいぐるみを中古屋さんで買って渡してみたりとか」
弁護人「行政に頼ったり、債務整理をしたりという社会のセーフティーネットを利用しなかったのはどうしてですか」
男「制度としてどういうのがあるんだろうと役所に行ったことがあったんですけど、そのときに聞いた話が、こっちが聞きたい話と返ってくる答えが違うというか。それっきり私は行かなくなりました」

20年1月20日。男が取引先の会社から借りた134万円の返金期限だったが、2人は工面できなかった。「5人で明日心中しよう」。深夜、2人きりの居間で、男は女性からそう持ちかけられた。男は子ども部屋に入り、起きていた次女と三女に心中する意思があるか尋ねた。2人は「一緒に死ぬ」と答えた。翌朝、三男にも同じ確認をした。

男のそんな説明に、検察官と裁判官が疑問を投げかけた。

検察官「妻に死にたいと言われ、あなたも一緒に死ぬという気持ちになったのはどうしてですか」

男「妻がいないという状況が自分にとって考えられない。妻のためにいるのが自分だと思っていましたので」

検察官「子どもたちの将来のことは考えなかったのですか」

男「考えました。これから生きていくやつらですから。だからまあ、そこだけは妻の意思に反して子どもたちに聞いたんですけど。ついてくるか、ついてこないか」

裁判官「(子どもたちを)施設に入れるという話はなかったのですか」

男「ないです。妻は施設に入れるくらいなら、連れて行ったほうがいいという考えでした」

翌朝、男は自宅アパートからロープや短刀を持ち出した。女性は子ども3人が通う中学校に「家の用事で休みます」と電話で伝えた。そして、午前9時ごろ、5人は車で自宅を出発し、いわき市内の公園に立ち寄って遊具で遊んだ。このときの様子は、次女のスマホに写真で残されていた。

その後、５人はホームセンターに寄り、男は刺し身包丁や練炭コンロを買った。昼過ぎに市街地を一望できる水石山（標高735メートル）の公園に到着したが、観光客に見られるのを恐れ、すぐには行動を起こさなかった。

夕方になってから、５人は車内で練炭をたき、心中を試みた。しかし数時間経っても死ぬことができなかった。そこで午後9時ごろ、男は４人と相談。その後、犯行に及んだという。

検察官「苦しむ様子を見て、心中をやめようとは思わなかったのですか」

男「なかったです」

弁護人「調書には『後悔はありません』と記載があるが、いまでもその気持ちに変わりはありませんか」

男「あのとき、私も含め、妻も三男も次女も三女もみんなで一生懸命考えて決めたことなので、後悔というのはないです」

車内にあった次女と三女のカバンからは似たような内容のメモが見つかった。

「全員へ（友だちだから書くよ）この手紙を読んでいるということは、私はきっともういないと思います。私は、心中っていうのかな、わからないけど死にます」

「全員へ。この手紙を読んでいるということは、私はもうこの世にいません」

メモに残った指紋や筆跡から、２人が書いたものと鑑定された。

検察官「子どもたちが死ぬことを決めた理由はどうしてだと思いますか」
男「母のことが好きな子どもらだったので、お母さんが死ぬなら私も、と考えたんだと思います」

男の説明によると、犯行後、男は運転席で自らの腹も包丁や短刀で刺した。意識がもうろうとしていくなか、22日午前1時半ごろに１１０番通報した。「4人を殺した。生活が苦しく、殺してくれと頼まれた」。警察が到着すると、自分から車の鍵を開け、一命をとりとめた。男は通報した理由について「遺体を一般人に発見される前に、警察に見つけてもらおうと思った」と話した。

自分だけが生き残ったいま、何を思うのか弁護人が尋ねた。

弁護人「いまも死にたい気持ちはないですか」

男「ないと言えばうそになります」

弁護人「亡くなった4人にはどういう気持ちですか」

男「ものすごくみんな優しい人たちで、向こうで楽しくやっていてほしいです」

そう答えると、男は声を詰まらせた。

検察側も女性からの依頼や子どもたちの承諾があったことは争っていない。ただ、論告で、女性の遺族が1人だけ生き残った男に対し、「死ぬまで刑務所にいてもらいたい」「極刑を与えていただきたい」と述べていることを明らかにした。

そのうえで、「短時間にためらいなく殺害し、心中という最悪の選択を避ける努力も怠った。中学生3人は承諾したとはいえ、無念は計り知れない」と指摘。心中という選択肢をとったことを後悔せず、犯行を正当化する男について「極めて独善的で、大きな非難に値する」として、懲役10年を求刑した。

8月5日の判決公判。裁判長は「積極的に死を望んでいたと到底認めがたい未成年者3人を巻き込んだ、安易かつ短絡的な犯行で、4人の尊い命が奪われた結果は誠に重大」「本件は嘱託（承諾）殺人の事案のなかでも相当に重い部類に位置づけられる」として、懲役8年の実刑判決を言い渡した。

判決理由の説明が終わったことを伝えられると、男は「はい」と小さく返事をして、退廷した。

（小手川太朗、飯島啓史、長屋護）

＊追記　検察、被告側とも控訴せず、判決が確定した。

妻殺害、男が裁判で語った後悔

2020.8.25

独身の中年男は、焼き鳥店で出会った25歳年上の女性と恋に落ちた。結婚もし、20年近く幸せな生活を送ってきたが、妻は老い、病を患った。介護の果てに生活苦も重なり、将来を悲観した男はついに、最愛の相手を手にかけた――。

２０２０年8月17日に福島地裁郡山支部であった裁判員裁判の初公判。身長１６５センチで短い白髪頭の男（64）が青いジャージー姿で背中を丸めて入廷した。裁判長から起訴内容について問われ、「間違いありません」と淡々と答えた。

男は19年10月27日午前3時15分ごろ、福島県郡山市の自宅マンションで、就寝中の妻（当時88）の首を電気毛布のコードで絞めて殺したとして、殺人罪で起訴された。

検察の冒頭陳述や被告人質問のやりとりなどから、事件の経緯をたどる。

男は1956年、郡山市から南西に約10キロ離れた旧岩瀬村（現須賀川市）で生まれた。中学を卒業してから、ガラス繊維を製造する郡山市の工場でずっと働いていた。20代、30代と独身だった男にとって、楽しみは日帰り温泉とパチンコ、そして仕事帰りの一杯だった。

40代半ばになった2001年のある日、いつもと同じように1人でJR郡山駅前の焼き鳥店に入った。カウンターに座って酒を飲み始め、しばらくして隣の席に座ったのが妻になる女性だった。

当時、女性は70歳近く、男とは親子ほどの年の差があった。それでも会話は途切れることなく盛り上がり、意気投合した。店を出ても話は尽きず、男はそのまま女性の家に行った。

女性には一人息子がいた。父親は認知せず、女性は未婚のまま、保険外交員として働きながら、1人で息子を育てた。その息子もすでに独立していた。

被告人質問で、25歳の年の差も「気にならなかった」と語った男に、弁護人がさらに尋ねた。

弁護人「女性のどんなところにひかれたのですか」

男「やっぱり、まっすぐなところです。意志が強くて、まっすぐな人でした」

それから連日、男は女性宅に通い、まもなく交際が始まった。ディズニーランドや県内の水族館などに旅行に行き、交際が始まって6年後、女性は「籍を入れたい」と男に伝えた。

2人は結婚し、後に事件現場となる家賃5万5000円の3LDKのマンションで一緒に暮らし始めた。

弁護人「女性は当時すでに70代。いずれあなたが女性を介護することになるとは思いませんでしたか」

男「介護すると思っていました」

交際中から妻は躁鬱《そううつ》病と難病のパーキンソン病を患い、結婚して3年後には認知症も発症した。徐々に足腰も弱くなり、外出するときは男がいつも手をつないで、連れ添った。「会社を辞めて介護してくんねえか」。8年前、男は妻から頼まれた。男は「俺しかいないだろう」と長年勤めた会社を早期退職。退職金約1600万円を受け取り、妻との介護生活が始まった。

男は妻を介護施設に入所させず、自宅で献身的に手助けした。車いすを押して病院に連れて行き、毎食後、10種類以上の薬をオブラートに包んで飲ませた。男は収入がなくなり、生活を切り詰めるため、好きだったパチンコとたばこをやめた。妻を車いすに乗せ、仲良く近所の散歩もした。「お父さん、ありがとう」。妻は感謝の言葉を口にした。

弁護人「(老人ホームのような入所できる)施設の利用を考えなかったのはどうしてですか」

男「やっぱりそばに置いておくのがいちばんだと思ったからです」

歳月は容赦なく進んだ。19年3月、妻は最も重い要介護5と認定された。日常生活すべてに介助が必要になり、まったく歩けなくなった。1時間に数回トイレを訴え、そのたびに男が手伝った。一人息子の顔も忘れるほど認知症が進み、男は次第に「かわいそうだ」と感じるようになった。

男が裁判で何度も口にしたのが「生活苦」だ。

このころには退職金が底をつき、頼りは2人合わせて月約18万円の年金。家賃や介護費などを除くと、手元には約6万円しか残らない。毎日スーパーで総菜を買い、2人で食べた。市には2回、生活保護の相談に行ったが、食費と家賃の高さを理由に断られた。「相応の収入があった」と検察側に指摘されても、男は「生活が苦しかった」と繰り返した。妻の介護に便利な1階で、スロープ付きの物件は少なく、同じマンションに住み続けた。

19年夏、さらに男を追い詰める出来事があった。マンションが取り壊されることになり、管理会社から半年先までに転居を求める通知が届いた。だが、転居に必要な資金はなかった。

男は焦りを感じるようになった。さらに介護の負担から解放されたいという思いや弱っていく妻をふびんに思う気持ちも重なって将来を悲観した。そして、同年10月、2人で死のうと考えるようになった。

マンションの住民が次々と引っ越していくなか、10月20日ごろの深夜、男は犯行を思い立った。だが、妻の寝顔を見て、一度は思いとどまった。

その1週間後、男はよく眠れず、午前1時ごろ目を覚ました。「今日しかない」。そう決意し、凶器となった電気毛布のコードを準備した。

なかなか決意できず、妻の寝顔を1時間半にわたって見ていたときの気持ちを弁護人が尋ねた。

弁護人「顔を見ながら、何を考えていましたか」

男「かわいそうになってきたこともありましたから。私も自殺しようと考えていました」

午前3時15分ごろ、男は犯行に及んだ。約5分間、コードで首を絞め続け、妻の体から力が抜けたのを確認してハンカチを顔にかけた。

20年近く連れ添った妻を手にかけたとき、ちゅうちょはなかったのか。検察官がただした。

検察官「首を絞める手を緩めなかったのはどうしてですか」
男「首にコードを巻いて、後にはひけないなと思いました。（なれそめを楽しそうに話す妻の姿が）ちらっと頭をよぎりました」
その後、男は自分も死ぬため、マンションの非常階段を上り、柵を乗り越え、飛び降りようとした。だが、柵につかまって宙づりになったところで怖くなり、思いとどまったのだという。部屋に戻って110番通報し、駆けつけた警察官に逮捕された。
弁護人「逮捕されて10カ月間、どのようなことを考えてきましたか」
男「かわいそうなことをしたなあと思っています。毎日、（妻のことを）思い出します」
弁護人「妻を殺して楽になりましたか」
男「逆です。（思い出すたびに）悲しくなります」

裁判では、月に一度自宅を訪問していたケアマネジャーの男性が証人として出廷した。
検察官「女性の話で特に記憶に残っている話はありますか」
ケアマネジャー「2人のなれそめの話です。女性から繰り返し聞かされました。その話をするときは、女性は必ず笑顔で、男も話に交ざって、夫婦がとても仲のよい様子で、印象的でした」

法廷では、埼玉県に住む妻の一人息子の手紙も読み上げられた。男への思いもつづられていた。

「母の面倒をよく見てくれたという気持ちです。母の性格を考えると、大変なこともあったと思います。そのようななかでも、20年近く母と付き合い、面倒を見てくれました。強い怒りというような感情ではなく、むしろよく面倒を見てくれたという感謝の気持ちのほうが強いです」

検察官が手紙を朗読する間、男は何度も両手で目頭を押さえた。

検察官は論告で、男が献身的に介護をしてきたことは認めた。一方で、ケアマネジャーや一人息子に相談し、介護の負担を軽減したり、家計を見直したりすることもできたと指摘。「将来を悲観し、無理心中を実行した意思決定は安易で、非難に値する」と懲役5年を求刑した。

20年8月21日の判決公判。裁判長は「介護の負担を軽減できる手段を尽くさないまま殺人という重大な犯行を決意したことは非難を免れない」と述べた一方で、「約7年という長期間にわたって献身的に被害者を介護し、想定外の引っ越しの問題が重なったことで精神的に追い詰められ、問題解決のための余裕がなかったとも考えられる」と酌むべき事情も指摘した。

そのうえで、「自首しているうえ、深い反省の態度を示している。遺族が厳罰を科さないでほしいと述べている」として、懲役3年執行猶予5年を言い渡した。

判決理由の読み上げが終わり、裁判長が「わかりましたか」と問いかけると、男は表情を変えず、「はい」とうなずいた。

閉廷後、刑務官に退廷を促されると、男は法廷に残っていた裁判長に向かってもう一度頭を下げた。

（小手川太朗、田中基之）

＊追記　検察、被告側とも控訴せず、判決が確定した。

言えなかった「助けて」

2020.11.1

幼稚園の先生になる夢をかなえたばかりだった。孫娘は、ベッドで祖母に馬乗りになった。タオルを口に押し込み、鼻と口を両手で押さえた。祖母は足をばたつかせた。「黙ってほしい」。息絶えるまで両手の力を緩めなかった。当時21歳と90歳。認知症の祖母を１人で介護し、５カ月あまり経った２０１９年秋のある朝のことだった――。

兵庫県警記者クラブに所属し、殺人事件などを担当する記者4年目の私（26）はこの事件の発生から取材した。私にはグループホームで暮らす祖母がいる。脳に障害があり、被告の祖母と同じように意思疎通が難しい。なぜ事件は起きたのか。約１年取材を続けた。わからなかった背景を知りたくて、傍聴席に座った。

起訴状によれば、被告は19年10月8日午前6時ごろ、神戸市須磨区の一軒家で、2人で暮らす祖母の口にタオルを詰め込み、鼻や口を数分間、押さえつけ、殺意を持って窒息死させたとされる。

20年9月9日、神戸地裁であった初公判の法廷に、殺人罪に問われた被告が現れた。黒髪を後ろでくくり、白いワイシャツ姿。小柄で、どこか幼さがある。検察官が読み上げた起訴内容に「間違いありません」と答えた。

検察側、弁護側の冒頭陳述や被告人質問などから、孫1人で祖母の介護を担った経緯が次第にわかった。

被告が2歳になる年に、両親は離婚した。一人っ子だった被告は母親に育てられたが、小学1年のときに母親が病死した。施設に一時預けられ、父方の祖父と祖母に引きとられた。

「誰が引きとったと思うねん」「母親は借金ばっかり作って、私は迷惑かけられた」。祖母の言葉に悩んで中学時代に3、4回、自殺未遂を繰り返した。

医師から生活環境を変えるよう勧められ、中学2年になると、今度は近所に住む父のきょうだいのおばに引きとられた。
子どもが好きだった。被告人質問で、小さいころから幼稚園の先生になる夢があったと明かした。
弁護人「幼稚園の先生になるのが夢だった?」
被告「はい」
弁護人「今後の仕事はどう考えているの?」
被告「小さいころの夢で子どもが好きだったので、また子どもと関係した仕事を見つけたい」
ピアノを買ってくれるなど夢を支えたのが、祖母だった。
検察官「おばあちゃんは学費や生活費を出してくれた。幼稚園の先生になることを応援してくれていたと感じていなかったか」
被告「感じていました。応援してくれていました」
検察官「おばあちゃんは、どんな人」
被告「厳しいこともあったが、私のことをいちばん考えてくれていた」

被告は、短大卒業後の19年4月、神戸市にある幼稚園の教諭として社会人生活をスタートさせた。ちょうどそのころ、祖母の介護話が持ち上がった。

5年ほど前、祖父はすでに他界していた。独り身となった祖母は、認知症が進み、ひとり歩きや暴言が原因で入院先から追い出されてしまうほどだった。

祖母には、3人の子どもがいた。長男は会社経営で忙しく、次男が被告の父親で身体障害者。長女にあたるおばは、食事の準備や買い出しはできても自分の家庭があり、祖母と同居する介護は難しかった。

弁護人「誰かが同居して介護しないといけないというとき、お父さん、おばさん、おじさんが同居介護する話は出なかったか」

被告「出なかったと思う」

弁護人「ローテーションで同居して介護する話は」

被告「出なかったと思う」

弁護人「おばさんから、何と言われたか」

被告「『あなたがみるのが当たり前じゃないの』って」
弁護人「あなたが（祖母から学費や生活費で）世話になったから、という話はあったのか」
被告「ありました」
弁護人「1人で介護することが決まり、どう思ったのか」
被告「『私しかいない』と。だからできないとは言わなかった」
社会人1カ月後の19年5月から始まった認知症の祖母との2人暮らし。弁護側の冒頭陳述などで、過酷な介護が垣間見られた。
祖母に朝食を食べさせてから幼稚園へ出勤した。日中はデイサービスに預けたが、職場から夕方6～7時ごろ帰宅すると、おばが用意した晩ご飯を食べさせ、入浴を介助し、睡眠薬を服用させて午後9時に祖母を寝かせた。
それからが1人になれる時間だった。翌日の幼稚園にそなえ、ピアノの練習をした。園児と一緒に作る工作の準備もした。だが1時間おきに祖母のトイレの介助が待っていた。失禁すれば体を洗い、服を着替えさせた。睡眠時間は4時間あればよいほう。2時間ほどだったという。

祖母はおとなしくしていたわけではない。家の外をひとり歩きするとき、連れ戻そうとする被告の言うことを聞かず、被告も一緒に歩いた。「お金、とった」。心ない言葉も浴びせられた。認知症なんだから。そう理解してもストレスはたまった。

職場では、いつも寝不足でぼーっとして叱られた。「介護している」と伝えたが信じてもらえなかった。心療内科で「軽いうつ」と診断された。

祖母の親族以外で、被告を気にかける人もいた。祖母の担当ケアマネジャーだった。被告を見かね、祖母を精神科のある施設へ入院させてはと提案してくれた。

弁護人「おばは、祖母を施設に入れることについて、何と」

被告「『施設で（祖母が）縛られると思うけど』と」

弁護人「おばの言葉を聞き、どう感じた」

被告「突き放された感じ。何を言っても無駄ではないかと」

検察官「介護がこれ以上無理だということは、おばに伝わっていたと思うか」

被告「伝わっていると思っていた」

検察官「おばが施設を探すという話は」
被告「『私がもう少し頑張る』と言ったので、流れたのだと思う」

精神鑑定を担当した医師も出廷し、被告の性格について証言した。「自分の感情を抑え込み、周りの期待に応えようとする」「不条理でも『自分の責任で仕方ないこと』と考える傾向にある」


そして、あの朝の前後が明らかになった。

「汗をかいた」。19年10月8日午前6時ごろ、神戸市須磨区の祖母と暮らす自宅のベッドで、被告はいつも隣で寝る祖母の声で目が覚めた。

お湯で温めたタオルで祖母の体を拭いていると、急に「親をないがしろにする」と怒鳴られた。思い当たるふしはなかったが、「ごめんね、ごめんね」となだめて体を拭いた。祖母の言葉が続いた。「あんたがいるから、生きていても楽しくないねん」

被告は前夜、睡眠薬を飲んで自殺未遂を図るほど追い詰められていた。突如、「黙っていてほしい」。怒りが抑えられなくなった。ベッドで祖母に馬乗りになり、祖母の体を拭いたタオルを祖母の口に押し込んだ。両手で口と鼻を押さえつけた。祖母が足をばたつかせ、被告の腕を強くつかんだが、次第にその力は弱くなった。「死んでしまうかも」。頭をよぎったが、両手の力を緩めなかった。「もう介護から離れたい」。数分後、祖母は動かなくなった。声をかけたが反応はなかった。

「1時間前におばあちゃんを殺してしまった」。兵庫県警須磨署に自ら通報し、駆けつけた警察官に殺人容疑で緊急逮捕された。

検察側は論告で、やむにやまれず及んだ犯行ではないと指摘。遺族に厳しい処罰感情がない点などを考慮し、懲役4年を求刑した。

弁護側は最終弁論で執行猶予を求め、弁護人の1人が裁判長に向かって疑問を投げかけた。「介護する体制を整えるべきだったのは、社会人になったばかりの被告ではない。祖母の子どもたちだったはずだ」

同じ疑問を抱いていた私は、祖母の次男で、被告の父親に会って話を聞きたかった。

なぜ介護を任せきりにしたのか。近所に住みながら公判でもほとんど言及がなかった。二度、話を聞くことができた。

父親はパーキンソン病で手足が動かしにくい障害があった。「もっと丈夫な体だったら介護に携われた」「男の私から、トイレ介助などをされることを（祖母は）嫌がった」。2人の住む家に通い、悩みを聞いたこともあると話した。

ただ、祖母が深夜に1人で外出していたことや、被告が介護に限界を感じていたことは公判で初めて知ったという。

父親は「もっと相談してくれたらよかった」と話す一方、「介護を強制したわけではない。私は介護が嫌なら、やめてもいいと伝えた」と語った。

それに続く言葉は、私には納得しがたかった。

「いつでも逃げられたはずだ。本人は二十歳を過ぎた大人ですから」

逃げることはできたかもしれない。でも夢を応援した祖母を見捨てられただろうか。母親代わりだったというおばに日々不満をぶつけられただろうか。被告の立場だったらと考えると、耐えた被告に自分が重なって見えた。

誰からも支えられず、ＳＯＳを強く発せられなかった被告は、ひとりぼっちだった。

20年9月18日の判決。「主文を後回しにします」と裁判長はそう告げ、判決理由から朗読を始めた。判決理由をしっかり聞いてほしいという思いからと見られる。異例の言い渡しだった。

裁判長は「強い殺意があり、犯行態様は危険だ」と指摘したが、「被害者の子である父、おじ、おばが被害者と同居できないことから自ら同居を申し出（略）、心身ともに極めて疲弊し、衝動的に犯行に至ったことを強く非難できない」「おばや被害者との関係を考えれば、被害者の施設入所に否定的反応だったおばの意向に反してまで介護負担を軽くする策をとることは実際上困難だった」などと述べ、「相当程度酌むべき事情がある」とした。自首も考慮し、懲役3年執行猶予5年を言い渡した。殺人罪を認定したうえで刑を猶予する異例の判決だった。

言い渡しの後、裁判長は被告に「おばあさんの冥福を祈って、社会で更生してください」と語りかけた。被告は指で目頭を押さえて聞いた。
被告が退廷するときだった。傍聴席の最前列に座っていた中年女性が立ち上がった。誰だろう。被告に気づいてほしかったのか、被告を見つめ、見送ろうとするように見えた。ハンカチで口を押さえて泣くその女性と被告は目を合わせ、あふれた涙を手で拭いた。

（笹山大志）

あとがき

本書は、全国各地の裁判所で取材をする朝日新聞の記者たちがつづった朝日新聞デジタルの連載「きょうも傍聴席にいます。」をまとめたものである。

新聞社では長きにわたり、記者の「駆け出し」は事件取材からと決まっていた。入社後、地方に配属されると、まずは警察担当になる。警察署へ通って警察官に取材し、事件があれば現場へ駆けつけ、周囲に聞き込みをする。そして、やっとの思いで、「ベタ記事」と呼ばれる短い記事を地方版の片隅に書く。容疑者が逮捕・起訴されれば、法廷で事件の行く末を見届ける。

その後、政治記者になろうが、特派員になろうが、取材の基本は、事件でまずたたき込まれる、というのが伝統だった。メディアのありようが大きく変わるいま、今後のことはわからないが、いまのところ、おおむね、その伝統は続いている。このオン・ザ・

ジョブ・トレーニングに、いまは賛否の意見があるが、学生のころには想像もしなかった社会の矛盾や悲喜こもごもを、直接感じる機会となるのは事実だと思う。

私自身、初任地で取材した事件は、いまも記憶に鮮明だ。

特に、激しい家庭内暴力を振るっていた息子を殺めたとして、法廷に立った父親の丸めた背中は、今も脳裏に焼きついている。それまで「人を殺した人」を見たことはなかった。この父親が息子を殺すにいたるまでの苦悩を聞くにつけ、傍聴席にいる自分と、被告とを隔てるものはなんだろう、と思ったものだ。

さて、「きょうも傍聴席にいます。」に話を戻すと、朝日新聞のニュースサイト「朝日新聞デジタル」で2013年5月に連載が始まった。「法廷で語られる被告の言葉をもっと伝えたい」と東京地裁で裁判を担当していた若手記者が企画を提案したのがきっかけだった。

とはいえ、新聞に掲載できる記事の長さには制約があり、必要な情報を書き込めば埋まってしまう。それなら、ネットのニュースで、違うスタイルで書いてみよう、ということになった。不定期で配信された一連の連載は、かれこれ100本を超えている。

幻冬舎の小木田順子さんからは、連載が始まってすぐに、書籍化のお声がけをいただいた。『母さんごめん、もう無理だ』（16年）、『きょうも傍聴席にいます』（17年）に続き、本書で3冊目となる。幅広く読んでもらえるデジタルの良さはあるものの、筆者やデスクとしては、かなうなら、やはり紙で手にとって読みたい、と思うところもあり、本当にありがたいことだと思う。

毎回、書籍のゲラを手にして思うのは、連載の特色となっているのが、家族をめぐる事件だ、ということだ。認知症の祖母の暴言に耐えかねて、望まぬ妊娠に悩み、長い介護の果てに……。やむにやまれぬ思いで、子が親を、親が子を、恋人を、大切に思っているのに殺めてしまう。それは、さまざまな掛け違いの果てに、日常の一歩先に引き起こされる事件である。

昨今、課題解決型の報道を、とも言われるが、個別の事情を見ると、解決の糸口を見いだすことが難しい悩みや苦しみも少なくない。判決で説諭する裁判長の言葉も、むなしく響くこともある。私たちに何ができるのか。答えは難しいが、まずは、起きている実際の事件を知ることに始まるのではないか。そして、自分の身の回りの人の痛みに想像力を働かせ、いたわりを持つことが何かの兆しになるように思う。

書籍化にともない、木原貴之、花野雄太、村上英樹、真常法彦の各デスクとデジタル編集部の大波綾さんが、各筆者とともに原稿の確認作業を行った。

また、鈴木隆さんに、すばらしい本にまとめあげていただいたことに感謝の意を表する。

2021年1月

朝日新聞東京本社　編集局コンテンツエディター　三橋麻子

初出　『朝日新聞デジタル』連載「きょうも傍聴席にいます。」
（２０１７年９月26日～２０２０年11月１日）

ひとりぼっちが怖かった
きょうも傍聴席にいます

二〇二一年二月二十五日　第一刷発行

著者　朝日新聞社会部
発行人　見城 徹
編集人　菊地朱雅子
編集者　鈴木 隆

発行所　株式会社 幻冬舎
〒一五一-〇〇五一 東京都渋谷区千駄ヶ谷四-九-七
電話　〇三(五四一一)六二一一(編集)
〇三(五四一一)六二二二(営業)
振替　〇〇一二〇-八-七六七六四三

印刷・製本所　中央精版印刷株式会社

検印廃止

ISBN978-4-344-03737-3 C0095
幻冬舎ホームページアドレス https://www.gentosha.co.jp/
この本に関するご意見・ご感想をメールでお寄せいただく場合は、comment@gentosha.co.jp まで。